なんで会社辞めたんですか?

高橋弘樹／日経テレ東大学［編著］

まえがき

仕事で訪れたお台場を歩いていると、ビーチとレインボーブリッジの間、海に浮かぶ島に目を奪われた。

陸から完全に切り離されて東京湾にポツンと浮かび、一般人は完全に立入禁止のその「旧防波堤島」に、河津桜がきれいに咲き誇っていたからだ。

はるか遠くの、誰も近づくことのできないその島桜は、幻想的な美しさを纏っていた。

そして、季節の移り変わりが、あまりに早く感じられた。


「会社員って、最高！」

つい2カ月ほど前、そう思っていました。

しかし、世の中にはたくさん、会社を辞める人がいる。しかも見渡せば同じ会社で尊敬していたディレクター、国民的英雄ともいうべき宇宙飛行士、アメリカ駐在経験を経て日銀キャップという要職に就いていた敏腕記者まで。

一体なぜなのか？

日本の強烈な解雇規制のおかげで、犯罪でもしなければ、いや犯罪だって微罪なら一生安泰かもしれない会社員。

毎月の給料の心配をする必要はなく、会社に行けば志を同じくする仲間がいて、業務に必要な資材は全て揃えてもらえる会社員。

それどころか、私にとって会社は「番組企画」というテイの趣味や遊びを実現させてくれるために、「企画書」という名のペラ紙さえ提出すれば、「製作費」という名のお金で番組を作らせてくれるとてもありがたい存在でした。

なのに一体「なんで会社辞めるんですか？」。

まったくもって、理解ができませんでした。だから彼らに直接聞いてみたかった！

「なんで会社辞めたんですか？」。

そんな思いで、2022年の初夏、YouTubeチャンネル「日経テレ東大学」で、その疑問通りのタイトルの番組を始めました。会社を辞めた理由を聞いたり、語ったりするのは、これまで一種タブー的な雰囲気がありました。

本音と建前、恩と怨嗟、感情と利害。

さまざまな思いが交錯するのが「退職理由」だからです。一筋縄では語りきれない、公の場では、いやインフォーマルな場でさえも聞きにくい、「なんで会社辞めたんですか？」というこの一種のタブーとも言える問いはしかし、実は日本経済復興の、一番大切なキーであると思います。

この数十年、なぜイノベーションが生まれにくかったのか。なぜ日本だけが経済成長できなかったのか。数字や経済的な指数で表されたものだけでなく、なぜこんなにもどんよりとした停滞感が日本を覆っているのか。

その大きな問題を解くヒントこそが、「なんで会社辞めたんですか？」、この答えに隠されている気がします。

私は会社員という働き方、生活が大好きです。

起業やフリーという生き方だけでは味わいにくい大きな仕事、たくさんの仲間、そして仲間だと思っていたら中年になった頃から急に始まる出世競争、権力闘争、社内政治。

その全てが人生を生きていく上で、とても刺激的で、退屈な人生を飽きさせなくしてくれるのは間違いありません。

だからこそ、日本が抱えるあの大きな問題と、極めて個人的とされるこの大きな問題をリンクさせて、新時代の「会社員」のあり方を考えたい。

そんな思いで、カメラの前に、なんのメリットもないのに出てくださった皆さんに、失礼ながら聞かせていただきました。

「なんで会社辞めたんですか？」。

ぜひ、そのカギカッコ付きの「答え」を聞きながら、「あとがき」でまたお会いできればと思います。

人生にあり得るかもしれない、もう1つのご自身のパラレルワールドを想像しながら、楽しんでみてください。

高橋弘樹

目次

社内政治の乗り切り方とフリーで成功する処方箋

将来の生活設計は
早めに済ませて、
会社を辞めてもやっていける
“腕”を作る!

—45歳でテレビ東京を辞めました。

佐久間宣行

（番組プロデューサー）

2022年7月5日、12日配信

佐久間宣行（さくま のぶゆき） 1975年生まれ。早稲田大学商学部卒業後、1999年、テレビ東京入社。プロデューサーとして、『ゴッドタン』『あちこちオードリー』など数多くの人気番組を手掛ける。2013年に『ゴッドタン キス我慢選手権 THE MOVIE』で映画監督デビュー。2021年3月、テレビ東京を退職。以降はフリーとしてテレビやNetflixなどでプロデューサーを務めるほか、ラジオパーソナリティーとしても活躍中。

◎レギュラー番組を持ったままテレビ局を辞めた奇跡の人

高橋弘樹　会社の会議みたいでちょっと緊張するんですけど、まずは退職おめでとうございます。お会いするのは退社の日以来ですね。

佐久間宣行　1年以上ぶりだけど、ありがとうございます（笑）。フリーになって、3月一杯は死ぬほど忙しくて、4、5月はちょっと楽になったから、このタイミングで、1年ぶりにテレビ東京の人たちと食事したりしてますよ。

高橋　辞めた後、忙し過ぎじゃないですか。

佐久間　単純にフリーになった自分がどうなるのかが不安過ぎて、仕事を受け過ぎたっていうね（笑）。結果、1日も休みがないような状態が続いたから。

しかも、こんなにスケジュールを仮押さえされるんだなって。飲みに誘われても押さえられてる候補日だと無理で。突然、ぽっかり空く日もあるんだけど、「あれ、俺休みの日に何で1人で中華食ってるんだろう」みたいなことはある。

高橋　この番組、「なんで会社辞めたんですか?」という日経テレ東大学の番組ですけれど、よくテレ東に出られますね（笑）。

佐久間　いや、びっくりしたよ。俺その会社を辞めてるんだから（笑）。

高橋　それにしても奇跡ですよね。会社辞めたディレクターさんはたくさん知ってますけど、レギュラー番組持ったまま辞める人ってあんまり聞かないですよね？

佐久間　**テレビ東京が良い会社だと思うのと、今振り返ってみると、自分の仕事のやり方があまり人と揉めなかったからかも。敵も作らなかったし、辞めてからもみんな仕事を頼んでくれるんだよね。**

◎偉くなるための〝社内政治〟に自分は向いてない

高橋　佐久間さんは、テレ東の中でもかなり早く出世した方なんですよね。それなのに、なんで辞めたんですか？

佐久間　まず一つは、ディレクターのままでいたかったんだけど、部長職が目の前に見えた時、伊藤隆行さん（チーフプロデューサー）の次の部長になっちゃうなと思ったんだけど、伊藤さんの大変な姿を見て「俺はディレクターを続けたいな」と思って。

（部長に）なってから辞めると迷惑がかかるから、打診が来始めたぐらいの時に、「会社辞めようと思うんです」っていうことを話した。

高橋　少し補足すると、テレビ局には番組を作る制作局というのがあって、そこのクリエイティブ制作チームに佐久間さんと僕もいて、伊藤さんの下でやってたんです。あの部署はまるで戦いの最前線に立たされる兵士みたいに、常に新しい企画をずっと出し続けるという、謎の部署なんですよね（笑）。

佐久間　通常の広告収入だけだとテレビ局が成立していかなくなるのをテレビ東京が危惧して、変わったものを作れるディレクターを集めて、外部収入だったり、デジタル系の仕事だったり、とにかく新しい番組作りをしてくれという部署で、部長が伊藤さんだった。それで俺が副部長に近いポジションだった。でも、高橋とか上出（遼平※元テレビ東京のプロデューサー、演出家。『ハイパーハードボイルドグルメリポート』などを担当）とか、破天荒な部員たちを束ねていくのがまず嫌だった（笑）。

高橋　俺らのことかよ（笑）！　佐久間さんは40歳過ぎてもカンペ（※スケッチブックに演出の指示を書いたもの）を出すから、すごい演出家だなと思ってましたけど、部長でカンペはやらないですよね。

佐久間　部長以上の管理職は向いてないなと思ったので、まあ不安だったけどディレクターとして続けようって思ったのと、もう一つは、そこから先、会社の中で偉くなっていくためには、社内政治がある程度必要になるじゃない？　日本の組織って。それも俺は向いてないなって思ったんだよね。

高橋　ちょっと待って、自分で気付いてないのか分かりませんけれど、佐久間さん、社内政治うまいじゃないですか！　秋元康さんとも仲がいいし。俺なんか、ＡＫＢ48の番組やってるのに、秋元さんと会話したの1回くらいですよ（笑）！

佐久間　共通点がある人とはうまくいくのよ。秋元さんとは面白いことが好きっていう。でも、**これから先、〝行政飲み〟みたいなのをしなきゃいけなくなるんじゃないかなと思うと、会社員人生に俺は向いてない、いや、向いてないというか負けそうだなと思った。だったら、やっぱり自分の実力でいいところまで行って、ダメだったら別の仕事に切り替えようと思ったのが40代になってからかな。**

◎3つの柱が見えたから、辞めても当面は生きていける

高橋　なるほど。今、会社辞めたい人もたくさんいると思うんですけれど、他にはどんな要因があったんですか？

佐久間　やっぱり、辞めても大丈夫という自信がないと辞められないじゃん。自分の腕に自信があるかどうか。あとテレビ東京の肩書きがなくても仕事くれるだろうなってところが３つくらい思いついたの。

高橋　その３つとは？

佐久間　ラジオパーソナリティーとして接した人たちは、俺の〝腕〟というか人間性を好きでいてくれるから、この人たちは、ある程度仕事くれるかなと。それとお笑いの事務所の人や芸人たちに、「俺じゃないとダメだ」と言ってくれる人たちがいて、且つ、彼らが売れてくれたから、その人たち絡みの仕事はあるだろうなと。あと、たまたま自分が得意で作っていた番組も配信向きだったというのもね。

高橋　『あちこちオードリー』（※１）？

佐久間　『あちこちオードリー』だけではなくて、千鳥の『NEO決戦バラエティ　キングちゃん』（※2）とか。TVerのランキングも、バラエティー部門の1位が『あちこちオードリー』で、2位が『ゴッドタン』（※3）だったの。配信でも俺の番組が強いから、それでずっと行けるとは思わないけれど、配信系の仕事は来るだろうなって。その3つの柱が見えたから、会社を辞めても当面は生きていけるんじゃないかっていうのがあった。

高橋　腕プラス、時代の波もマッチしましたよね。配信で収益を上げて、みたいな。

佐久間　そう。**今までテレビ局を辞めた人というのは、その局の仕事をもらえる制作会社を立ち上げるか、テレビメインでやっていくしかなかったんだけど、だったら局員でいいじゃんって。局員ではなく受けられる仕事があるんだったら辞めるべきだなと思うし、それが明確にいくつか見えたから、3年くらいは大丈夫だろうと思って辞めた感じかな。**

◎早めの住宅ローン返済で躊躇なく辞められた説

高橋　そこですよね。腕に絶対的な自信があったんですね。それと、僕が思うに、やっぱり住宅ローンを返し終わってたのが強かったんじゃないかと。佐久間さん、結構早めに返してましたよね。子どもも作るのも早かった。

佐久間　そう（笑）。早く返してたし、30歳で子どもができたから、娘はもう15歳。

高橋　テレビ業界って、子ども作るのを後回しにしがちじゃないですか。そんな中で、結構、人生プランがしっかりしてましたよね。

佐久間　27歳で結婚して、妻はその時、25歳かな。で、30歳で子どもができた。幼稚園の送りもやってたよ。同期が合コンとかやってるのに「俺、幼稚園送ってるわ」って（笑）。結婚はタイミングだけれど、結婚したことで生活プランを考えなきゃいけなくて、マンションが値上がりする時期より前に買えた。

高橋　値上がりする前に買って、奥様も働いてたから、ダブルインカムで返済しちゃったんですね。ということは、40歳過ぎて辞めようとする場合、そういった経済的基盤と家庭的基盤をしっかりしておかないと無理ですね。

佐久間　俺が今、大きなローンを抱えてて、子どもも小さかったら、辞めるのは躊躇するだろうな。

高橋　腕に自信があって、基盤も持ってて、佐久間さんはいろんな条件をクリアしてる。それって、前から考えてやっていたんですか？

佐久間　前から辞めようとは思ってなかったけれど、30代で『ゴッドタン』を始めて、ゴールデンの番組をいくつかやった時、「テレビ東京で視聴率で評価される番組を作っていくのがあんまり得意じゃないし、嫌だな、向いてないな、性格的に」って思ったのね。『ゴッドタン』みたいな番組をたくさん作りたいと思った時、会社を辞めても大丈夫なように外部から評価されるものを作っていかないと、それこそ『ゴッドタン』みたいな番組は作れないと思った。

　社内評価は置いておいて、これまでやったことのないことをやるとか、ＤＶＤをめちゃくちゃ売るとか、早めにイベントをやるとか、**会社を辞めても大丈夫な人間になろうというのは30代のテーマとしてもうあったのよ。**

　だから『ピラメキーノ』（※4）を立ち上げたし、アザー帯（※特に視聴者の多いゴールデン帯以外の時間）のあまり編成（※テレビ局の編成部）の目が届かないところで自分のブランドを築ける番組をたくさん作ろうって決めた。だから、アザー帯の番組ばっかり作っていた。

高橋　僕は佐久間さんの5年くらい後輩で、僕もずっと制作局にいるんですけど、佐久間さんは、たしかにゴールデンを断り気味のスタンスでしたよね。みんなゴールデンがやりたくて企画出すじゃないですか。それなのに珍しくやらないタイプでしたもんね。

佐久間　うん、断ってた。「向いてないんで」とか言って。企画書を編成に出したことはそんなになくて、年末年始の正月の深夜はバラエティーやるから、たくさんバラエティーの企画を出したけど、それ以外は他の部署に出して、『ピラメキーノ』や、『ウレロ☆未確認少女』（※5）シリーズを作ったりしてた。

◎ドーナツ屋さんで1人だけサンドイッチ作ってるおじさん!?

高橋　そういうスタンスがなんでＯＫだったんですか？　僕も40歳ですけれど、まだ

「おい弘樹、ゴールデンの企画書出せ」って、日々言われますよ。

これ、普通の会社で言えば、たとえば、ドーナツ屋さんで「ドーナツちゃんと作れ！」って言われてるのに、一人だけサンドイッチを作ってるおじさんみたいな感じじゃないですか。「それでなんで成立するの？」みたいなところはありますよね。

佐久間　**それはたまたま他の事業というか、社内初の結果が多かったんだよね。バラエティー番組を映画化するとか、マジ歌（※『ゴッドタン』内の企画）で武道館行くとか、そういう社内初で他の人と比べられない結果を出すのが多かった。社内評価で言えば、もう基準が分からないから〝S〟あげとこうみたいな（笑）。たぶん、視聴率競争だったら俺は勝ててないと思うよ。**

早い段階でスポンサーと組むとか、ＤＶＤの売り上げが落ちてきたらライブを仕掛けるとか、映画を仕掛けるとかっていうことはやってきた。

高橋　新規事業をたくさんやってこられて、ゴールデンをやらなくていい理由は分かりました。でも、ゴールデンやらないのに、どうやって新規事業とかにたくさん絡めるポジションになったんですか？

佐久間　今までのテレビプロデューサーって、「俺は番組作っとくからお前ら売って来いよ」みたいな、「DVDはお前らがやれよ」みたいなスタンスの人が多かったんだよね。でも俺はまず、性格的にそういうタイプじゃなかった。それと、「あれ？　これは他部署と組んだ方が俺のちっちゃい番組は守れるんじゃないか？」と思ったから、他の部署の人たちと一緒に考えるようになったのね。**営業の人と一緒にスポンサーさんのところへ挨拶に行くのも、「行く、行く！」みたいなフットワークの良さで。行けばスポンサーの常務さんとかと知り合いになるじゃない？　すると、その常務さんが「佐久間さん、もう1個、こういう番組立ち上げたいんですけど」って直接相談してくるようになったりする。**そうすると営業も、「お金が張り付くんだったらやります」みたいな流れになる。

高橋　相手からしても、プロデューサーが来るって珍しいですもんね。

佐久間　そういうのを30代前半にやったのと、一番大きかったのは『ピラメキーノ』という子ども向け番組を立ち上げた時、社内に味方が1人もいなかったの。なぜかというと、もともとあれって吉本興業と組んでいたゴールデンを目指す実験枠だったの。『極楽とんぼのこちらササキ研究所』とか『ココリコミリオン家族』とか、ファミリー帯の番組だったから、視聴率も良かったのね。

だけど、リーマンショックが起きて、制作費が半分ぐらいに減った時期があったじゃない？　あの時、俺が担当した木曜の『キンコンヒルズ』と、金曜のロンドンブーツ1号2号の番組は数字が良いから残して、他は全部辞めて営業枠にするって話があって。

その時みんなに言ったのは、「帯番組は面で持ってないと意味がない。俺には1つ仮説があって、ファミリー向けの実験を18時半でしてもあまり意味がない。10年前の時点でゴールデンのメイン視聴者がシニア層になってたから、子どもはもうそんなに見てない。だから、思いっきりターゲット年齢層を下げて、小学校低学年か幼稚園にしてマネタイズする番組を作る。それをやらせてくれないか」と。

これまでの予算で出来て、マネタイズもにらむ帯番組って言ったら、「佐久間がそう言ってんだったらいいよ。予算内で作れるんだな？」って言われた。俺はこの仮説が正しいと思ってたんだけど、営業の人には、「数字悪くしたら売れねえだろ」とか言われて、四面楚歌みたいになってスタートしたんだよ（笑）。

これは怒っている人以外を味方にするしかないなと思って、初めて社内の製作委員会方式っていうのを作ったのよ。営業やネット、それぞれの部署から1人ずつ『ピラメキーノ』担当を出してくれって頼んで、定例会議を2週に1回やったんだよね。

◎独自の社内製作委員会で味方を作っていった

高橋　そういうことやっていたんですか。

佐久間　お金は編成と営業が出してるんだけど、**人を出してくれということで、それぞれの部署が儲かるようにしていいから、バズらせたり、映画を作ったりっていうのを一緒に考える。この番組を使ってくれていいから、その代わり、この番組を守ってくれという。製作委員会というものが、テレビ東京にはアニメ以外では一つもなかったんだけど、出資もしてないけれど人だけ出してくれという製作委員会を作った。それが大きかったね。**

高橋　そんな斬新なスキームを作ったんですね。たしかにそういう形はなかったですよね。

佐久間　そう。で、しかも最初は社内にバレないようにやった。

高橋　それって可能なんですか？

佐久間　水曜日の部会が始まる１時間前に『ピラメキーノ』の製作委員会の打ち合わせをやって。そこでいろいろな部署の社員と知り合って、『ピラメキーノ』という番組を生かすために、〝グッズ作る〟とか、〝富士急ハイランドでイベントやる〟とか、俺と演出家で全部決めていった。それが、その後10年の仕事の母体になってる気がするな。そうなると、数字のゲーム、視聴率のゲームでも勝ち負けに関係なく番組を生き残らせることができるというか、30代は好きなことやれるなって思った。

高橋　味方を作っているってことですよね。

佐久間　そうそう。**ちょうど当時、他の部署の人たちは結構制作に虐げられていたのよ（笑）。そんな中で俺だけ味方だったから、それぞれの部署の人たちと仲良くできたわけ。で、その人たちが出世してくれた後、俺が40代になって仕事をくれたというね（笑）。**

高橋　たしかに佐久間さんは、その製作委員会方式もだし、コロナ禍でもイベントやって成功させてますよね？

佐久間　『あちこちオードリー』のオンラインイベントね。配信チケットが８万４０００枚売れて、１枚２０００円だから……１億７０００万円近く売り上げて、グッズも1億くらい売れてる。

高橋　すごいですね。そういう新しいことをやっても成果を残すじゃないですか。そうなると普通の人間からすると、すご過ぎてついていけなくなっちゃう。でも、俺はそんな佐久間さんの裏の姿も結構見てましたからね。ずっと8階の応接室で、毎日、徹夜で朝方までオフライン編集してましたよね。

佐久間　ずっと会社にいて編集してた。高橋もそうだけど、俺は最終的に自分の番組は全部編集して完パケ（※完全パッケージ＝そのまま放送できるＶＴＲ）にする方だったからね。そういう泥臭い部分はあったね、著書（※『佐久間宣行のずるい仕事術』（２０２２年／ダイヤモンド社））には書いてないけど（笑）。

高橋　あと、覚えてるのは、佐久間さんがもうディレクターになる時期に、徳光和夫さんに「俺は佐久間がいい」って言われて、ＡＤ（※アシスタントディレクター）をやってましたよね。普通やんないじゃないですか。

佐久間　他の番組ではプロデューサーだったんだけど、『徳光＆コロッケの〝名曲の時間です〟』という演歌の番組だけチーフＡＤをやって、現場でカンペ出してた。

高橋　「ほんとに偉いな～この人」と思ってましたよ（笑）。だから今改めて言っておこうと思って（笑）。

佐久間　**俺の仕事のタイプとして、得意だったのは編集とフロアだから、それはいくつになっても請われたらやろうと思ってやってたよ。**

高橋　そういうのは結構ガチでやってましたよね。

佐久間　やったねぇ。番組作りという意味では効率は悪かったかもしれない。

高橋　佐久間さんは昔から1人で完結するタイプでしたよね。カンペ出しからオフライン編集までやるわけですから。

佐久間　俺は自分の番組のスタッフには結構、〝こういう仮説を立ててるからこういう企画をやります〟とか、一応、全部開示するようにしてるの。本当に大事な企画の場合は、リモート会議でもリアル会議でも、自分でホワイトボード書くから。

高橋　自分でやるんですか？

佐久間　その方がやりやすいんだよね。**だから、学校授業スタイル。立ってホワイトボードに、「今この番組の問題点はここだろう？　ということは企画をここまで整理すると……」という風にやって、自分でホワイトボードを完成させる。議事録もそのスクショで済むからね。**まあ、定例会議とかではやらないけれど、ブレインストーミングのスタイルは全部一緒で、自分でホワイトボード書いてるね。

高橋　そのスタイルでオンラインサロンとかやったら儲かるんじゃないですか？

佐久間　今、はぁ～なるほどって思ったよ（笑）。

◎自分の中にある人材リソースを有効活用する

高橋　それにしても、昔はみんなめちゃくちゃ長時間働いてましたよね。今、そういう働き方ができない中で、どうやってクリエイティブ業界の人は後輩を育ててるんだろうって佐久間さんに聞いてみたかったんですよね。今はフリーだから、後輩育成とかはあまりやらないですか？

佐久間　そうだね。でも、『ゴッドタン』の若いディレクターたちや、今ＹｏｕＴｕｂｅやってるＡＤたちは育てようと思ってる。ロジックをちゃんと伝えるということはできるだけしようと思ってる。

高橋　それやってたら、当然、自分の時間はなくなるじゃないですか。

佐久間　なくなる。なくなるし、コロナ禍になってから全てのＶＴＲが直接プレビューじゃなくてリモートプレビューになることが多いから、そうすると全部文章に起こさなきゃいけないから工数がかかるね、番組をフィニッシュするまでに。

高橋　そうですよね。めちゃくちゃ時間がなくなる中、それでも結構、佐久間さんは舞台とか観に行ってるじゃないですか。佐久間さんの時間術を教えてくださいよ。どうやって時間作ってるんですか？

佐久間　俺の場合、会議の数は番組作っている他の人より少なくなってると思う。**自分が考えて、番組のコンセプトや狙う先をある程度決めたら、こういう番組が得意なディレクターは誰々と作家の誰々だから、この作家でたたき（素案）まで作ってもらうとか、自分の中での人材リソースが増えて、且つ、この人に任せられるのはこのぐらいまでとか、ちゃんと自分で把握するようにしてる。一緒に働くスタッフの一覧を自分で作っておいてね。**

　で、この人にこの仕事お願いしてるから、俺の仕事としてはもう1個ぐらいしか頼めないかとか、この人は他のレギュラー番組を持ってるけど……って、忘れないように名前をそこに書いている。

　あとは得意分野も何となく分かってる状態でフリーになれたから、比較的フリーの番組もやってるんだけど、フィニッシュまで工数が少なくて会議数とか少なくて済むような作り方はできるようになってると思う。

高橋　ドラマでいう「×××組」ってあるじゃないですか、あんな感じで、知り合いでちゃんとスキルが分かる人を、ポイント、ポイントで入れていくみたいな？

佐久間　この人は演出だけど、この番組は1回勝負の特番だから編集までやってもらおうとか、あるいは監修で入ってもらうかとか、結構決めてからチーム編成に臨む感じ。毎回、日本代表を作ってるみたいなもので、ここは制作会社1社に任せるけれど、その場合、プレビューまでやってくれる作家を入れようとかね。

高橋　自分が見られない時とかのため？

佐久間　いや、1回目は見るけど、2回目まで付き合ってくれるタイプの作家を入れないと、制作会社の管理ができないかもしれないから入ってもらうとか。1回目の試写で俺が言ったことが2回目に直っているかどうかを見る能力がある人じゃないと。そういう感じで、フィニッシュに持っていくチーム編成は結構考えるかな。**チーム編成がうまくできないと、数多くの番組はできないね。**

高橋　すると、チーム編成のコツは何ですか？　まずは人材をプールしておく？

佐久間　チーム編成でやっぱり1人くらいは他の部署で不遇をかこってたヤツを入れた方がいい。めちゃくちゃ頑張るから。『ピラメキーノ』の時も濱谷（晃一　※テレビ東京のプロデューサー。『バイプレイヤーズ』などを担当）と太田（勇　※テレビ東京のプロデューサー。『おしゃ家ソムリエおしゃ子』などを担当）を入れたんだけど、2人ともまあまあ不遇だったのよ（笑）。だけど、能力があるのは分かってたから、そのまま演出で入ってもらおうと。濱谷は芸人さんとうまくやれるタイプの演出家じゃないけど、そこの部分は俺がやれるし。クリエイティブな面で作家と一緒に作っていくんだったら、すごい才能あるなと。濱谷にプロデューサーやってもらった方がうまくいくから上を外そうと思ったんだけど、それが大変だった。

◎目上の人間には正直に伝えて教えを乞う

高橋　今、日本全体はもちろん、テレビ東京も人口構成的に比較的逆ピラミッド型になってるじゃないですか。そうするとやっぱり、年齢が上の人とどうやって一緒にやったら良いのかなって結構考えますよね。たぶん、俺や佐久間さんも、すでにもう後輩からはそう思われてるでしょうけど。

佐久間　**思われてるでしょ。目上の人に対しては、この人から何を盗んで、どこを利用させてもらうかをしっかりと決めて、それを、正直に気持ち良い形で伝えるのが一番良いと思う。だから、俺は、裏で利用するっていうよりは「×××の部分のお力を借りたいんですよ」とか、「俺、ここ苦手なんですよ」って正直に言って付き合うようにしてたけどね。**

高橋　後輩からそういう相談をされると嬉しいですもんね。「ちょっと、これ分かんないんで見てください」とかね。

佐久間　それでも嫌な態度を取ってくるのは本当に嫌なヤツだから、そんなヤツは失点を全部メモっておいて後で上に刺す（笑）。その振り分けは、俺は結構はっきりしてた。「こいつは本当に嫌なヤツで、マイナスの方が多いから、ミスしたら全部メモっとこう」っていう風に。はなから〝刺す〟対象として上の人間を見てるときと……。

高橋　ちょっと一言突っ込んでいいですか？　そんなうまくやってなかったですよね？　嫌いな人にはドロップキックしてたでしょ、酔っぱらって（笑）。

佐久間　それ1年目の時ね。酔っぱらって酒癖の悪いチーフＡＤに六本木の路上でドロップキックしてね。あの時は俺、３日間会社に来るなって言われた。ただ、プロダクションの人たちに感謝されたけどね。彼のひどい酒癖にはみんな本当に苦労してたから、「佐久間のドロップキックでスカッとした」って言われたよ（笑）。

◎アウェーの環境に乗り込んで作るのが好き

高橋　ところで今、佐久間さんはどんな番組を作ってるんですか？

佐久間　Ｎｅｔｆｌｉｘで『トークサバイバー！』（※６）を作って、テレビ東京のレギュラー番組で『ゴッドタン』と『あちこちオードリー』、それと、Ｐａｒａｖｉで『考えすぎちゃん』（※７）って番組作って、あとは『オールナイトニッポン０』（※８）をやってる。それと、ｓｍａｓｈ．っていう配信アプリでやっている『ハライチのＹＡＭｉ』（※９）っていう番組がシーズン２までいってる。あと、予定としては２０２１年にやった番組のシーズン２が来るのと、ドラマっぽいのをどっかで１クールやるのと、新しい配信会社でミニシリーズ作るのと、２０２３年１月頃に大きめの配信作品を作るのと……。

高橋　ちょっと量がすごいじゃないですか！　みんな1年以内の話ですよね？　すごいなあ。いろいろ羨ましいなと思うんですけど、会社辞めて良かった点と悪かった点を聞いてみたくて。まず、良かった点は何ですか？

佐久間　**良かったのは、やっぱり会社にいたら受けられなかった仕事が受けられるようになるってことだよね。**日本テレビで『東京03とスタア』（※10）っていう番組を作ったのも嬉しかったし、Ｎｅｔｆｌｉｘの『トークサバイバー！』も嬉しかった。これから配信で作るいくつかの番組も、テレ東にいたら受けられなかったからね。それに、地元（福島）で冠番組（『サクマ&ピース』（※11））持つなんて思わないじゃん。

高橋　そういうジャンルとしても、仕事相手としても、付き合ったことがない相手と付き合う場合、やっぱり全然違うものですか？　たとえば日テレの作り方とＮｅｔｆｌｉｘの作り方は？

佐久間　全然違う。**全然違うから面白い。Ｎｅｔｆｌｉｘは、とにかく始めるまでに、こんなに全部決めるんだってぐらい話し合う。ギャラもそうだし、制作費もそうだし、「これにこのくらいかかるんで、爆破入れてください」「じゃあ、これくらい増えますよ」って見積もりも。ハラスメント講習もしっかり受けるし、正直、ここまで面倒く**

さいんだとも思ったけど、いい経験だったし、やってよかったなと思う。

高橋　ギャラはいいんですか？

佐久間　まちまちだけど、テレビよりは上かな。あと、日テレはさ、昔の日テレって、とにかくマーケティング重視で作ってるイメージがない？

高橋　マーケットインの感じしましたね。

佐久間　だよね？　でも『有吉の壁』のスタッフと仕事したんだけど、お笑いオタクのＡＤさんばっかりなの。『エンタの神様』を見て育って、日テレがお笑いの局だと思って、お笑いが好きで入った人たちが結構いる。だから、非効率なところまで自分でやってくれるお笑いオタクの集団で、テレ東よりもお笑い愛は強いんじゃないかなって思った。

高橋　アウェーな環境というのはどうですか？

佐久間　俺ね、好きなのよ、人が作ったところに１人だけで行くっていうスタイルが。そのチームを見学しながら作るのがすごい好きなの。だって、毎回、自分のチームを連れて行くと、自分の引き出しでしかできないじゃない。だから、『東京０３とスタア』も日テレのスタッフの中に１人だけ俺が入って作ったよ。

『サクマ&ピース』も、福島中央テレビのスタッフと作った。俺とアルコ&ピースの平子祐希が生まれた街を、2人で街ブラするっていう番組。

◎趣味は仕事で、欲しい物も何もない人間だから

高橋 辞めて良かった点ということでは、年収、何倍になったんですか？ ざっくりでいいですから教えてくださいよ〜。

佐久間 いや、オフレコでも話したくないな（笑）。

高橋 ほんとざっくりでいいですから（笑）。まあ、3、4倍にはなってますよね。だって、将来的に一生働き続けるわけじゃないでしょう。

佐久間 いや3、4倍にはなってるよ、もちろん。

高橋 佐久間さんとは付き合い長いじゃないですか。だから、今みたいに「3、4倍になってるわ」って言う時は、本当は5、6倍になってる。億は行ってない？

佐久間 それは行ってないよ（笑）。

高橋 年収1億もらって何に使うんですか？

佐久間　**だから、年収1億ねぇって（笑）。今さ、金使う暇もないんだよ。高橋なら分かると思うけどさ、俺、ほとんど全てのことに興味がないじゃない。だって番組作ることが趣味だから。**

高橋　そうですよね。仕事が趣味ですもんね……飯ぐらいですかね？

佐久間　そう。趣味を仕事にしちゃってるから。映画とか音楽とか演劇とかだって、招待もあるからいくら金使ったって月に2、3万円しかかからない。

高橋　それなんだよなぁ。佐久間さんの成功の理由は、やっぱり早めにかわいい奥様もらって、早めにマンションのローンを返せてたからっていうのが俺の一番の仮説なんですよ。大酒はしないし、旅行も率先して行く方じゃないから、お金貯まる一方でしょう。

佐久間　俺、詳細は分かんない。奥さんが持ってるから。

高橋　奥様が管理されてる？

佐久間　そうそう。良いか悪いか分かんないし、つまらないと思われるタイプの旦那かもしれないけど。とにかく仕事だけ楽しそうにやってて、欲しい物も何《なん》にもないし、車も乗らないし、貴金属も持ってないし、ファッションにも興味ないし。だから都合がいい夫って言ったら都合がいい夫だよ（笑）。

◎福島でラジオパーソナリティーになってるかも!?

高橋　仕事が楽しいっていいじゃないですか。でも、今46歳で、10年後、今みたいに働けるか分からないですよね。

佐久間　そしたらもう本当に趣味の人になるよ。

高橋　何やるんですか？

佐久間　映画とか音楽とかゲームとか。それか、喋るのが好きだから、地方局でラジオパーソナリティーとかやってるかもしれない。福島で帯番組とか持ってるおじさんになってるかもしれない（笑）。

高橋　福島で毎日、「おはよう！」って言ってるおじさん。それって最高かもしれないですね。多少やり甲斐があって、お金にも汲々《きゅうきゅう》としなくて、しかも求められてる。

佐久間　いや分かんないよ。**中央区（東京都）のコミュニティーFMのおじさんになってる可能性もある（笑）。でも、無理はもうしないことにしてる。自分のメンタル**

は強いのか弱いのか人に聞いてみると、ほとんどの人から「強い」って言われるんだけど、実は、向いてないことだったら途端に折れるタイプのメンタルで、蕁《じん》麻《ま》疹《しん》とかできちゃうタイプだから。なるべくそういうのに陥らないように先んじて、自分の興味ある仕事がマネタイズできて、会社でできるようにと思ってやってきたのね。

大学時代とか本当に嫌なこととかあると、とにかくやめたくなっちゃうタイプの性格だったから。フリーになってもメンタルが不調になるような仕事をし続けるぐらいだったら暇の方がいいと。

高橋　暇も怖くないんですか？

佐久間　いや、40代だと怖いんじゃない？　でも、50代の半ばぐらいになったら、暇なら暇でいいって思うんじゃないかな、俺は。**とにかくメンツと承認欲求だけデカくなり過ぎて、いろんなところにデカい顔する人にだけはならないようにしようと。それだけは気を付けようと思ってる（笑）。**

高橋　それって本当に胸に刻んでいた方がいいですね。自分たちがそうならないように。ちなみに、会社辞めたデメリットって何ですか？

◎背水の陣に置かれて変わった仕事のやり方とは？

佐久間　**会社辞めた最初の１年は、とにかく、これコケたら、次は半年後とか、１年後とかになるんじゃないかと思っていたから、失敗は怖いよ、やっぱり。会社にいたら、失敗しても次の仕事は回ってくるからね。**45歳過ぎてからのフリーって、やっぱり失敗できないよね。フリーの人じゃないんだけど、昔、鳴り物入りで俺の番組に他の制作会社の人が入れた、有名な番組やってたディレクターがいて、「お任せします」って言ったんだけど、その番組はその人が作ってるんじゃなくて、ほぼ作家が作ってたの。その人、編集とかもひどすぎて、みるみるうちに仕事がなくなっていった姿も見たわけ。そういうのを見ると、やっぱり自分の腕で仕事するって怖いなって思う。

高橋　本当にそれで失敗したら、次は声が掛からないですもんね。しかも、別の人でも誰も困らないですからね。それで作り方は変わりましたか？　背水の陣で挑んで。

佐久間　背水の陣で変わったのは、テレビ局で作ってる時はとにかく、ＫＰＩ（※業務パフォーマンスを計測するために置く指標）は自分で決めてたわけ。この番組の中で達成することは何かっていうのを。だけど、配信の人たちとかと話すときは、やっぱり達成しなきゃいけない目標が何なのかっていうのは結構細かく詰める。

ＫＰＩが何なのかを分かった上で、それを頭に入れて自由に作りますっていうことをやるから、最初にそこを履き違えてしまうと、全然違うタイプのものを作ってることがあったりするから気をつけないといけない。あと、俺の持ってるクリエイターとしての要素の中で、相手が欲しいのはどれかというのを明確にディスカッションする。芸人っぽさ、芸人のように自由にやってる感じが欲しいのか、それともうちょっとカルチャーの匂いがするものが欲しいのかとか。それを結構最初にディスカッションするから。

俺、最初に8個くらい企画持って行くかな、配信の人たちと仕事する時も。「どれがいいですか？」っていうのを、全然違う〝球〟をたくさん書いて。で、「これに近いですね」って言われてから作ったりする。**だから、最初の1年は、とにかく順序立てて、ロジカルに話し合ってから作った。「さあ、フリーの剛腕ディレクターがやって来ました」っていうやり方はしてないよ。**

◎自分が立てた仮説を相手に選んでもらうスタイル

高橋　いや、俺もちょっとフリーになりたいと思う瞬間もあるけど、そうならないのって、クライアントワークになりそうだから嫌だなとか、ＫＰＩが向こうにあるからなとか。

　だけど佐久間さんがすごいなと思うのは、クライアントワークなのにクライアントワークっぽくないじゃないですか。いわばちゃんと作品に見えてるというか。そこを佐久間さんがどうしているのかというのと、クライアントがどう発注したらそうなるのか知りたいです。

佐久間　クライアントワークの前に俺が仮説を立てて、企画をいくつか作って、「これで達成できるのはこれなんだけど、どれが一番（希望に）近いですか？」と。オリエンテーションが先じゃなくて俺の仮説が先なの。だからＮｅｆｌｉｘでバラエティーをやるんだったら、芸人の『トークサバイバー！』に近いものなのか、じゃなくてもうちょっと、たとえばテレ東の『家、ついて行ってイイですか？』とかに近いようなドキュメントバラエティーっぽいものとか達成できるものをいくつか作る。

どれも俺が面白いと思うエッセンスは入ってる。俺が仮説を立ててそれを持っていくわけだから。あっちが選んでくれても、それは俺が先んじて自分で作戦立ててるから、全部俺の作品なの。いろんな〝刀〟を持って行って、それで選んでもらってるから、作ってるものも俺が楽しくないものはやっていない。

高橋　だからクライアントワークが混じってるのに何か楽しそうだなと思って。これ珍しいんじゃないですか？　フリーになったらやっぱりどうしても、旅番組を普通に言われた通り作るみたいなスタイルになりがちでしょう。

佐久間　だから豪快に企画が落ちたりもしてるよ（笑）。「え！　俺と仕事したいって言ったのに、持っていったら落ちるんだ」っていうのは分かった。指名仕事だったはずなのに落ちるっていう経験してるよ、フリーになって。

高橋　そういう時にもう何も思わないのがフリーのコツですか？

佐久間　「まあしょうがねぇな」って思う。でも、全部相手に合わせてやりたくないことやってたら、やっぱり辛いしなぁって思う。だから、ギリギリ自分が納得できる企画を出すようにしてるから、本当に豪快大スベりというか、企画が通らなかったこともあるよ。

◎現場の第一線にいたいから会社を辞めると決断した！

高橋　最後、「なんで会社辞めたんですか？」と伺う前に、日経テレ東大学の方から質問があるみたいなので。

日経テレ東大学　高橋弘樹さんは、会社辞めた方がいいと思いますか？

佐久間　どうだろうな……俺が思うに、辞めてもやっていけると思うけど。今の高橋の日経テレ東大学での繋がりとか考えると、比較的、高橋の仕事は俺の仕事よりもマネーに近いと思うよ。

高橋　辞め時だってことですか（笑）？

佐久間　たぶん高橋の方がビジネスに近い仕事もやってるから、稼げるタイプのディレクターだと思うよ。

高橋　佐久間さんがね、飲み会で後輩を泳がせて楽しむときのわっるい目してるわ〜（笑）。

佐久間　いやいやそんなことないよ、別に間違ったこと言ってないよ。俺はカルチャー寄りじゃん。カルチャー寄りよりビジネス寄りの人の方が稼げる。高橋は良いバランスで持ってんじゃないのって思うけど。

高橋　すみません、じゃあ改めて、「なんで会社辞めたんですか？」にパシッと一言で答えてもらえますか？　佐久間さんが辞めたのは、俺的には結構インパクトが大きかったからなあ。

佐久間　**はい、「現場にいたいので」っていうことですね。**

高橋　いやあ、現場にいたいのでって、格好良いですよ。ありがとうございます。
　僕はね、テレ東で常務まで目指してるんで、現場にいる人が常務まで行けるように、頑張って状況を変えたいと思ってるんですよ。

佐久間　そうだよ、高橋がそうしてくれてたら、俺まだ会社にいられたわ（笑）。

高橋　佐久間さん、本当に忙しいのにお時間いただき、ありがとうございました。お疲れ様でした！

【後注】

（※1）『あちこちオードリー』　居酒屋の大将・オードリーの春日俊彰と常連客の若林正恭が、今注目の有名人をゲストに迎えて打ち合わせなしのフリートークを繰り広げる。テレビ東京で２０１９年開始。

（※2）『ＮＥＯ決戦バラエティ キングちゃん』　千鳥とゲストの人気芸人たちが、多様なジャンルで「夢のマッチメイク」を実現し、新しい王者「キングちゃん」を生み出していく。テレビ東京で放送されていた新感覚バラエティー。

（※3）『ゴッドタン』　その時面白いと思った企画をやり続けるお笑い番組で、「芸人マジ歌選手権」「キス我慢選手権」などのヒット企画を生み出した。出演はおぎやはぎ、劇団ひとりほか。テレビ東京で２００５年開始。

（※4）『ピラメキーノ』　はんにゃとフルーツポンチが司会を務め、子ども向け番組の常識を覆すことをモットーに、斬新で大胆なコーナーを数多く送り出した。テレビ東京で２００９年〜15年放送。

（※5）『ウレロ☆未確認少女』シリーズ　弱小芸能事務所を舞台に、劇団ひとりやバカリズム、東京03らが社員に扮し、毎週30分、観客の前で一発本番を演じるシチュエーションコメディー。テレビ東京でこれまで５シリーズが放送されている。

（※6）『トークサバイバー！』　本格的なドラマに出演する芸人たちが、台本なしのトーク合戦を繰り広げる。敗者は即刻ドラマ降板となる新感覚お笑いバトル。出演は千鳥、劇団ひとり。Ｎｅｔｆｌｉｘで２０２２年３月８日から配信中。

（※7）『考えすぎちゃん』　ファーストサマーウイカ、Ｃｒｅｅｐｙ ＮｕｔｓのＤＪ松永、ハナコの岡部大が、おすすめコンテンツを紹介しながら毎回考えすぎちゃうトークを展開する。Ｐａｒａｖｉで２０２０年９月７日から配信中。

（※8）『オールナイトニッポン０』　ニッポン放送で毎週月曜から土曜まで深夜３時から放送されているラジオ番組で、「オールナイトニッポン」の「２部」とも呼ばれる。佐久間宣行は水曜日のパーソナリティーを務める。

（※9）『ハライチのＹＡＭｉ』　ハライチが司会を務め、佐久間宣行が総合プロデュースを務めるオリジナルバラエティー。スマートフォンに特化したバーティカルシアターアプリｓｍａｓｈ．にて２０２１年６月10日より無料配信中。

（※10）『東京０３とスタア』　東京０３が毎回異なる人気スターとコントを披露するほか、若手芸人が東京０３とどうしてもやりたい音声コントを制作するミニコーナーも。日本テレビで２０２１年10月３日〜24日まで放送された。

（※11）『サクマ＆ピース』　共に福島県いわき市出身の佐久間宣行とアルコ＆ピースの平子祐希が、故郷を旅して福島が誇るヒトやモノに出会う街ぶらバラエティー。福島中央テレビで２０２１年10月17日から不定期放送中。

NASA発！ 宇宙飛行士的人生サバイバル術

組織という名の〝糸〟を自ら断ち切って、自分自身でアイデンティティーを築く意志を持つ！

—57歳でJAXA（宇宙航空研究開発機構）を辞めました。

野口聡一

（宇宙飛行士）

2022年7月19日、26日配信

野口聡一（のぐち そういち）1965年生まれ。東京大学大学院修了。IHI入社後、1996年からJAXA宇宙飛行士。3回の宇宙飛行に成功し、15年間で船外活動4回、世界で初めて3種類の宇宙帰還を達成（ともにギネス世界記録認定）。2021年の「宇宙からのショパン生演奏」動画などでYouTubeクリエイターアワード受賞。2022年、JAXA退職。合同会社未来圏代表、国際社会経済研究所理事、東京大学特任教授。趣味は料理、キャンプ、飛行機操縦。

◎IHI、JAXAと2度の退職を経験して思うこと

高橋弘樹　ＪＡＸＡのご退職おめでとうございます。長年の宇宙飛行士としてのご勤務、本当にお疲れ様でした。

野口聡一　ありがとうございます。無事に卒業しまして、これからは一市民として宇宙に関わりたいと思っています。スペースXでの経験を生かして、民間のみなさんと宇宙をまた目指してみたいですね。

高橋　ＪＡＸＡには何年、お勤めになられていたんですか？

野口　１９９６年からですから、26年になりますね。

高橋　その26年が、そのまま宇宙飛行士歴になりますか？

野口　そうですね。当時はＮＡＳＤＡ（宇宙開発事業団）（※1）の時代でしたけれど、宇宙飛行士に選ばれて足掛け26年、気づいてみたらずいぶん長い時間になりましたね。

高橋　野口さんは定年退職ではなくて、少し早く辞められたんですよね？

野口　僕の場合、定年までは少し時間があったんですけれど、そもそも宇宙飛行士は

半分自由業みたいな世界で、あまり会社員生活という意識はありませんでした。振り返ってみますと、僕はＩＨＩ（※当時は石川島播磨重工業）という企業に入社して、31歳の時に宇宙飛行士の選抜に応募して、無事に合格して転職しました。大学を出てＩＨＩに入って、社会人の基礎というものを叩き込まれた経験もあったので、そのときの方が「会社を辞めるんだなあ」という気持ちが大きかったかもしれません。

　今回、お世話になったＪＡＸＡを退職しましたけれど、〝卒業〟という感じで、〝ＪＡＸＡで学べるものは十分学んだ。今度は自分の足で立って進みなさい〟と、温かく送り出していただけた感じです。それでも26年のうち、アメリカのＮＡＳＡ（アメリカ航空宇宙局）でお世話になった時間が長かったものですから、３月でＮＡＳＡの契約を終えた時の方が、「これでもうおしまいか」という気持ちが強かったです。26年前からずっと同じ建物で働いていましたから、もうこの建物に入ることはないのかと思うと、すごく感慨深かったです。

◎学生時代からの宇宙飛行士になるという夢を実現

高橋　そういう意味では、退職を2回経験されたことになるんですね。後々、どういうきっかけで辞められたのか、今後、何をされるのかも伺っていきたいと思いますが、まずは、ＩＨＩ時代からお聞きしますけれど、どちらの部署で働かれていたのですか？

野口　最初は米軍横田基地の隣にある飛行機のエンジンを作る瑞穂工場で、航空宇宙分野の仕事をしていました。そこで5年間ほど働いていて、ある時、宇宙開発事業団が宇宙飛行士を募集していることを知って応募して、転職したのが31歳の時です。

高橋　それが1回目の退職ですね。そもそもどうして宇宙飛行士になろうとしたんですか？　当時はまだまだ転職が今ほど盛んではない時代ですよね。

野口　平成になってすぐの頃ですが、当時は僕自身も終身雇用が当然と思っていましたから、会社を辞めるという心理的抵抗は大きかったですね。ＩＨＩに入る時も、何となくずっとこの会社にいるんだろうと思っていた節がありましたから。

ただ、学生の頃から宇宙飛行士になりたい、宇宙に行きたいと思っていたんですけれど、会社を辞めないといけないなんて学生の頃は全く考えていませんでした。社会人になって1年目や2年目でそんなことは考えないものですけれど、5年目ともなると、後輩の教育係をしたり、会社の中でも少しずつ役目が多くなってきて、扱える金額も増えている時期でしたからいろいろ考えました。

もちろん宇宙に行きたいという気持ちがあったので、当然、応募しました。今もＪＡＸＡで宇宙飛行士を募集していますけれど、0次選抜から始まって2次、3次、最終とステップを刻んでいくので、残っていくにつれ、「もしかして受かったら会社を辞めないといけないんだろうか」と考えるようになりました。実際、最終選抜まで残った人の中には会社の許可が下りず、最終試験前に辞退された方もいました。

高橋　宇宙飛行士になるのを会社が認めなかったんですか⁉

野口　その頃は、今みたいにたくさん日本人宇宙飛行士がいる時代じゃないですし、私も含めて「宇宙飛行士なんてなりたくてもなれるもんじゃないだろう」と考える人が多かったし、「なれたからって本当に宇宙に行けるの？」っていう見方でした。

幸い、ＩＨＩは航空宇宙分野も手掛ける会社だったので、宇宙飛行士に応募したって言うと、当時の上司も喜んでくれました。最終試験を受ける時も、当時の社長にも許可をもらった記憶があり、「頑張りなさい」とおっしゃってくれました。でも、会社によっては転職の意思を示すことにもなるので、「認めない」と言われた人もやっぱりいました。それが当時の日本の会社の偽らざる姿です。

◎宇宙飛行士になるためには何を試されるのか

高橋　宇宙飛行士の試験を受けた時、最初は野口さんご自身もまさか受かるとは思ってなかったんですよね？

野口　いやもう３次選抜くらいまでは受かるとは全く思っていませんでした。どこまで行くんだろうって、まるであみだクジでだんだん下まで落ちてくるような感じで、「まだ続くんだ」と思っていました。**最終試験はアメリカのＮＡＳＡで行われたんですけれど、実際に行ってみて、「うわあ、すごい世界だな」と思ったのと同時に、「ここで働くのもいいかもしれない」と思いましたね。**ＮＡＳＡに行くまでは、正直、記念になるから受験しておこうみたいな感じだったんですけどね。

高橋　ＮＡＳＡでの最終試験はどんなことをするんですか？

野口　いろいろな基礎訓練を受けるんですけど、ＮＡＳＡの宇宙開発の現場で英語の環境に放り込まれて、実際にアメリカ人の宇宙飛行士たちと接してどういう感じでやっていけるかっていうのを、本人も試験官も含めて確かめるというものでした。

高橋　そのあたりを詳しく知りたいのですが、宇宙飛行士になってＩＳＳ（国際宇宙ステーション）に滞在するとしたら、相当濃密な人間関係の中で暮らさなきゃいけないでしょう。重要になってくるのは人間力？　テクニック的なもの？

野口　そこは両方だと思いますけれど、人間的に優れていれば機械に触れなくてもいいわけではないですから（笑）。複雑な機械をミスなく扱える能力は当然必要ですし、ストレスがかかる環境下で動じることなく動ける能力というのも試されます。

宇宙飛行というのは地上と隔離された非常にストレスがかかる閉鎖環境で、さらに非常にストレスのかかる複雑な機械を扱いますし、しかもごく少数の人数で、半年間にわたってトラブルなく過ごせるのが条件です。そういった対人関係、多文化的・多人種的な環境下でストレスなく過ごせるというのも、大事な条件になってきます。

◎人間関係を円滑にするために心掛けていること

高橋　大変、興味深いシチュエーションですが、僕は会社に嫌な人間がいると無視したくなったり、ＬＩＮＥとかも返したくなくなったりするんです。宇宙飛行士は優秀な人ばかりだからコミュニケーションも円滑なのかもしれませんけれど、野口さんや他の宇宙飛行士の方々はどういう風に心掛けているんですか。

野口　僕も社会人になってから長いですから、合わない人って当然いますし、時折頭に来ることもあります。逆に、僕はストレスを感じないけれど相手にストレスを与えているような場合もきっとあるでしょう。アドラー心理学じゃないですけれど、〝全ての問題は対人関係に繋がる〟みたいな部分もありますし、基本的に、合う・合わない、あるいはそうした対人関係に基づくストレスはあると思います。

　特に**日本人の場合、ストレスを表面化させないテクニックというか、傾向、志向のようなものがありますので、大抵の場合、そこで我慢する、争いになりそうな時にぐっと耐えるというね。日本では大事な処世術ですけれど、アメリカ人の場合、わざと、**

と言うと言い過ぎかもしれませんが、あえて表面化させることで妥協点を積極的に探りにいくことがあります。意図的に表面化させて、何が受け入れられるかというのを互いに戦いながら探っていって、落ち着くところまでとことんやり合い、最後は握手してビール飲んで全て〝チャラ〟みたいなね（笑）。

そういう意味では日本だって会社では我慢して、仕事が終わったら居酒屋に行って乾杯して〝チャラ〟にするっていうのも得意ですよね。似たような感じですけれど、要はいろいろな国民、いろいろな職業によってそれぞれ対処法があると。で、対処法の引き出しが多い方が良いっていうのはあるかもしれませんね。

◎閉鎖空間で過ごす宇宙飛行士のストレスとの向き合い方

高橋　閉鎖空間ということでは、会社もなかなか辞められないという点で閉鎖空間ですけど、ＩＳＳは究極の閉鎖空間ですよね？　外は宇宙ですから散歩にも行けないし、そんな中で暮らしていたら、どんなに人格者同士でもストレス溜まらないですか？

野口　まず第１に、宇宙飛行士は人格者ではないので（笑）、結構ストレスはありますよ。

2つ目は、地上にいる時からそういう経験を相当やらされています。よく聞くことがあると思いますが、サバイバル訓練ですね。2週間ぐらい特殊な環境に置かれて、逃げ場がないところでいかに凌《しの》いでいくかというのを学ぶんですよ。

　サバイバル訓練というのは、たとえば、冬場の寒い山の中で耐え忍ぶとか、あるいは登山とか、時には1週間くらい自分たちでコースを作って原野を切り開いていくとかですね。そういうのを何回も経験していく中、**ストレスを乗り越えて一緒に課題を解決しないと全員死んでしまうような環境で、全員が生き延びたければ協力するしかないという感覚を磨いていく感じです。宇宙も同じなんですよ。**人として合う・合わないは別として、その人ともうまくやっていかないと生きて帰れる道がないということを理解している、喧嘩はするけどうまくやっていくという……そういうことだと思います。

高橋　それは面白いですね。たしかに人間関係は嫌だけれど、辞められる道もあるからストレスに感じるだけで、協力し合わないと死んでしまうとなると違ってくるのかもしれませんね。

野口　そうです。ですから若い人は――社会人になりたての頃は僕もきっとそうだったと思うけれど――〝会社のおじさんたちが何を言ってるのか全然分からない〟とか、〝先輩からいじめられる〟という状況でも、仕事以外の時間で、たとえば学生時代の旧友たちと心を開いて話す時間があるから救われるというのはすごくある。

その面では良好な人間関係ができてるわけじゃないですか。古くからの友人、学生時代の飲み仲間とは心が開けているのに、**会社に行くと訳の分からないおっさんたちの相手をさせられて辞めたくなるっていうのがすごくあると思うんですけれど、そう思ってしまうのは、そこから逃げられるからなんですよ。**

給料をもらうには会社に行かなきゃいけないけれど、１日10時間ぐらい我慢してれば逃げられる。そこでストレスが溜まっても、ストレスを解消する場所は別に持ってるわけです。人によっては家で動画を見ることかもしれないし、ゲームをやることかもしれないけれど、しっかりその場を分けることができている。**会社はストレスの場、飲み友達はストレス解消の場と、別になってるわけですけれど、本当はそこが一緒でもいいんです。**

たぶん、僕たちよりちょっと上の世代の昭和の会社人間は、それがおそらく同じ場だったんですよね。会社人間だからずっと会社にいるわけで、休みの日も会社の人と遊んだり、結婚しても社宅にいて〝人生＝会社〟っていう人が多かった時代は、ストレスを感じる場とストレスを解消する場が一緒だったんです。ＩＳＳはそれに近いのかもしれない。

高橋　人によって合う・合わないはあるかもしれませんけど、メンタルが強靭な人のパフォーマンスの発揮の仕方やストレスの乗り越え方としては、〝生死を共にする〟くらい強く一体感を持つという。ミッションの場合、そういうことなんでしょうか。

野口　たまたま今のＩＳＳがそうだというだけであって、宇宙飛行士の環境も時代によって変わっていますからね。たとえば30年くらい前だと、スペースシャトルで宇宙へ行くケースが普通でしたが、スペースシャトルってせいぜい１週間くらいしか宇宙にいないんです。長くても２週間なので、そうすると短期出張の世界ですよ。そんなに閉鎖空間だとか、長期的な人間関係を気にしなかった時代だったんです。

そうであれば最初に言ったように技術の方が大事、人間的に合わないけれどこの人の技術はすごいから一緒に乗るくらいの感覚だった時代もきっとあると思います。

それが**今のＩＳＳは半年間くらい一緒にいますから、任務以上にそこでいかに過ごすかが大事になってきています。ストレス耐性であったり、円滑な人間関係作り、あ**

るいは何らかのトラブルが起きた時の回復方法が処世術として必要ですし、文字通りサバイバル術として大事になってくるということだと思います。

◎死と隣り合わせの空間でストレスを感じなくする方法

高橋　野口さんに、「ＩＳＳ滞在経験から学ぶ人間関係みたいな本を書きませんか？」ってお誘いなども来そうですよね（笑）？

野口　２０２１年に『宇宙飛行士　野口聡一の全仕事術　「究極のテレワーク」と困難を突破するコミュニケーション力』（世界文化社）という本を出しました。そういう意味ではやはり、宇宙そのものに魅力を感じてくれる方もいれば、宇宙にあまり興味はないけれど、**ストレスのある場所でいかに生き延びるかに興味を持っている方は多くて、まさに今の現代社会、ひいては会社人間たちの生き方においても参考になるかもしれませんし、今の時代にそういう切り口が求められているなっていうのも感じますね。**

今回、ＪＡＸＡから離れる決意をした理由の一つには、これまで宇宙船を作る技術だとか、月面に行くための軌道計算とか、そういう技術的なフィードバック、技術還元はしているんですけれど、今話したような人間社会にフィードバックできる生き方という切り口で、我々の経験を伝えてきてないなという反省があったからなんです。

４人の宇宙船も閉鎖空間ですけれど、40人のオフィスも４０００人の会社も実は閉鎖空間なんです。そこでいかにストレスなく生きていけるか、あるいはストレスからいかに立ち直っていくか。ストレスを全くなくすのは無理ですけれど、ストレスを感じずに生きることはできますし、ストレスを減らすためにした方がいいことも分かるので、その辺をフリーの立場で発信していくのも大事だと思っています。

高橋　宇宙空間のように協力し合わないと死んでしまうという極限の乗り越え方もありますけれど、他にストレスを感じなくする方法としてどんなものがありますか？

野口　**宇宙空間は文字通り危険が目の前に見えるので、いくらでも死ぬ可能性はあって、一致団結しないと正しい1つの方法を見つけられません。**２０２２年5月の退職会見の時も言いましたけれど、〝Million ways to die, one way to survive.〟で、宇宙にいると死ぬ方法はいくらでもありますけれど、生きようと思ったら全員が協力して、宇宙船に乗って無事に帰還するという一つの方法しかありません。ですから生き残るということは極めて重要なことで、**全員のベクトルをしっかり合わせて正しい方向に行く、つまり、運命共同体であるという意識を持つことがストレスを減らすただ一つの方法なのです。**

あまり大声では言いたくないですけれど、これは戦前の日本軍も使っていた方法だと思うんです。〝我が軍にはこの方法しかない〟ということで考え方を一致させていく。あるいは、我々の父親の世代、高度経済成長期の〝親方日の丸〟〝護送船団方式〟みたいに全員が同じ方向を向いて、我が社はこの方向で行くんだという、ベクトル合わせが非常に上手だった時代がありました。

その一方で〝会社のためには黒も白と言え〟という問題もあったわけですけれど、少なくともみんな同じ方向を向いて頑張っていたので、その当時の会社人間はそんなに不幸ではなかったと思うんです。それもまた間違いない一つの方法なんです。全員が同じ方向を向いて進むのは極めてハッピーで、且つストレスも少ない。

一方で、これとは真逆の話ですけれど、**〝自分が生きる道はこれだけではない〟と自覚するのも大事なことです。**宇宙では、もちろんミッションではみんな同じベクトルでやっているんだけれど、時間によって、たとえば夕食後は自分自身の時間で、家族と話す時間であるとか、趣味の時間、僕だったら『スター・ウォーズ』の映画を観るとか、仕事と全く違う空間を持つのも大事なんです。

一つは全構成員が同じ方向を向けと、もう一つは各構成員別々の世界があって、自分もこの場とは全く違う世界を持っているという感覚です。この二つを上手く使い分けることで、場合によっては全社一丸となって突き進む幸福感を味わい、その一方で、会社だけが人生じゃないと思うこともできる。趣味の世界や飲み仲間の世界、家族といる時間を持つ……いわゆる逃げ道も必要なんです。その両輪をいかにバランスよく持って回していくかが大事なんだと僕は思います。

◎生死の瀬戸際に立った時に、生への欲望が生まれる

高橋　昭和の高度経済成長期は「経済成長」という目標が明確でしたからね。今は一丸となると言っても目標設定の仕方が難しいですよね。幸福感だったりするのかもしれないけれど、そこが間違っていると大惨事になりますから。

野口　おっしゃる通りで、日本が社会全体として貧しくて、早くこの貧しさから抜け

出すんだ、子どもたちに食べ物に困るような時代を送らせたくないと考えていた時代や、利益が倍々ゲームで上がっていった時代はきっと楽しかったでしょう。

　ところが今は、**社会にしても会社にしても非常に複雑な要求を突き付けられていますし、多様性の時代ということもあって、利潤だけでは絶対に全員が従いません。会社自体は利益を上げないと存続できないにもかかわらず、「わが社は利益だけ追求する」と言ってしまったら、従う人は非常に少ないと思います。**

　一方で、サステナビリティーやＳＤＧｓ（持続可能な開発目標）など社会貢献は大事だけれど、「サステナ疲れ」みたいな言葉もあるように、そればかりで不便な生活を強いられるのも本当は嫌だという気持ちを持つ人もいるので、みんなが納得して同じ方向に進むのは、少なくとも今の日本では難しいんだろうなというのは感じます。

高橋　僕なんかはアメリカに行っただけで価値観が変わっちゃったことがあるんですが、野口さんは宇宙に行かれたことで物の見方や感じ方が大きく変わったことかと思います。今の日本は経済成長をし終えた感じもありますけれど、簡単に子どもが命を落とすでもなく、食べ物に困ることもありません。オン・オフで自分の世界を持つのは大事ですが、オンの時に一丸となって目指すべき目標を考えると、野口さんは、日本と日本の会社がどんな方向に向かったら幸せになれると思いますか？

野口　世界全体で見ると、日本は極めて恵まれているというのは、誰しもが分かっているとは思うんです。新生児の死亡率や健康状態もね。私も宇宙から帰ってきてからいろいろな国に行って、東南アジアの一部の国のように、最低限の生活をすることすら大変な国の状況も目の当たりにしてきました。一方で、そういったところは国全体がすごく若くて、たとえばベトナムなんか平均年齢が31歳（2021年、ジェトロ調べ）ですから極めて活力に満ちている。翻って日本は、すぐに死ぬ心配が極めて低いからこそ生きる意味を見出せず、死んだように生きている国かもしれない。大変な思いをしている方もいらっしゃると思うので一概には言えませんが、夜寝る前に明日食べる物の心配をする日本人はそんなにいないと思うんです。

身近に死の恐怖を感じながら生きている人が少ないので、だからこそ生きがいが見つけられずに行き詰まってしまう、閉塞感に押し潰されてしまう。他にも、**戦火にさらされたり、飢餓にさらされているといった具体的な死への恐怖がない一方で、目に見えない放射性物質であったり、新型コロナウイルスみたいな〝見えない恐怖〟が増えてしまうと、生きようとする意志がどんどん弱くなっていくと思うんです。大事な**

のは、そこを刺激してあげることじゃないかと思います。

サッカーの元日本代表監督の岡田武史さん（現ＦＣ今治代表取締役会長）は、サバイバルセミナーをやっていらっしゃるんですよ。子どもたちを無人島へ連れて行って、10日間くらいサバイバル訓練をするんですね。そういうところに連れていくと〝ＤＮＡに喝が入る〟と言いますか、〝生きろ！〟っていう指令がＤＮＡに入って、たとえば不登校だった子がすごく生き生きと学校へ行けるようになったなどと、岡田さんは話していらっしゃいました。

そういう感覚、分かるんですよ。**生きるか死ぬかって時になって初めて、自分が生きなきゃって感じる。僕自身もサバイバル訓練をしているときに、〝生きなきゃ〟ってシンプルな欲望、渇望を感じると、そこからはすごく前向きに生きることができる。**サバイバル生活だって生きることができるから楽しくなるんです。その意味では、〝生きられてうれしい〟という感覚を今の社会で持つのは、非常に難しいことかもしれません。

サバイバルそのものは生き続けることが喜びだと思うんですけど、生きることができて良かったと思える人が、今の日本にどれくらいいるのかとは思いますね。

◎宇宙飛行士が〝生〟を感じ取れる瞬間は3つある

高橋　坂口安吾（※戦前・戦後にかけて活躍した作家）が戦後すぐに出した『堕落論』の中で、戦時中の方がよほど日本がキラキラしてたと書いてあったんです。たしかにそれは死に直面しているからですよね。でも、そんな状況がないことはやっぱり幸せだし、当然、戦争が良いわけないので、戦後の方が幸せなんですけれど、その副次作用として生きがいを見つけにくくなっているんですよね。本当に死んでしまうのはダメですけれど、生を実感するような疑似体験というのは、一つヒントになるような気がします。

　僕の周囲に登山にハマっている人がいて、「ヒリヒリする雪山に登りたい」とか言っていて、僕なんかマジで死んでしまう危険があるので引いてしまうんですけど、他にそういった生きる活力を得られる疑似体験ってありますか？

野口　戦後より戦中の方が良かったというのは、同じベクトルを向いて生き抜くためにみんなが協力していたときの方が生きがいが感じられたということでしょう。

当然、戦争は良くないですよ。でも、それくらいみんなが一緒になって同じ目標に向いていられるっていうのは、先ほどの高度経済成長期の会社人間に近いものがありますよね。その面では幸福を感じられる時代だったと思います。似た感覚ということで、そういう意味では、宇宙旅行にはいろいろなフェーズがあるんですけれど、自分が生きるために頑張ろうというピュアな意識を感じられる場面は3つあります。

一つは打ち上げです。打ち上げ前は本当に自分がこの打ち上げを成功させるため、打ち上げの8分間を成功させるためだけに自分の24時間があると思えるくらい集中してますし、いろんなことをシャットアウトして、全てをそぎ落として、ともかく無事に打ち上げが終わればいいと思えるくらい乗員4人の意識が合ってくるので、その日は本当に幸せです。考えているのは打ち上げのことだけなので、**エンジンが点火してから燃料が燃えている一番危険な8分間をいかに生き延びるかだけを考えているので、雑念が全くありません。**

もう一つは船外活動で、こちらは6時間ぐらいと割と長いです。2人1組で出るんですが、ともかく船外活動の最大の目的は〝6時間後に2人で生きて帰る〟ことです。その間にいろいろ大事なことをやるんですけど、最大の目的は2人が無事に帰ってくること。だったら出なきゃいいじゃないかって話ですが、それでは仕事にならない(笑)。

高橋　宇宙服にちょっと穴が開いただけで死んじゃうんですよね?

野口　そうなんです。まさに前回、僕の相方の宇宙服に穴が開いてたんじゃないか、空気漏れしてるんじゃないかという事態が途中で起きて、やっぱりそうなると自分の頭の中の優先順位がパッと変わります。本当に空気漏れが続いているなら、相方を縛ってでも、自分と一緒にくくりつけて早く戻らなきゃという意識になったので、**そういう意味でも生き延びる、有事の際に相手に命を預けて帰ってくるという感覚も、極めてピュアな感覚なので、そこも鋭く命への渇求、希求が大きくなります。**

3つ目は帰還、地球に戻る時です。僕自身の初飛行の際、9年間の長い訓練の後でようやく宇宙に行けるとなった直前で、スペースシャトル「コロンビア号」の空中分解事故(※2)があって、3人の同期生が亡くなっているんです。身近な宇宙飛行士が亡くなっていますから、帰還というのは危険と背中合わせ、地面に着くまでは何があってもおかしくないという感覚で過ごしてきました。ドラマじゃないですけれど、最も危険な場面は最終回に訪れるんです。

この3つのフェーズにおけるナンバー1プライオリティーは、とにかく生き延びることです。それを感じられるのは宇宙飛行士冥利に尽きるし、生きることの意味を再確認することもできました。

翻って、じゃあそれをいかに普段の生活で感じるかということだと、たしかに登山はいい例だと思いますよ。あと、先日も83歳の堀江謙一さん（※3）がヨットで太平洋単独横断をされましたけれど、冒険家というのはまさしく生と死のギリギリのせめぎ合いから見えてくる生命線に惹かれているんでしょう。

宇宙飛行も間違いなくそれで、**「危険なのに何で行くんですか？」と聞かれますけれど、答えは、まさにそこに〝生〟があるからなんです。生き延びることに意義があって、それを感じられる場所が、僕にとっては宇宙なんです。**

◎都会で平穏に暮らす人間が〝生〟を感じる疑似体験とは

野口　ただ、普通に都会で暮らしている方全員が冬山に登ったり、ヨットで太平洋を往復したり、宇宙に行ったりするかというと、そんなことは無理なわけです。疑似体験の中でいかにそれを感じ取っていけるか。一つは先ほど話した岡田さんがやっていらっしゃる子どもたち向けのサバイバル訓練、あるいは林間学校なんていうのがそれに近いと思います。

でも、実はほんのちょっとだけ普段のルーティンから外れて、野外体験をしてみることでもそういうことを感じられるんです。たとえば1週間くらいキャンプしてみるだけでも結構な準備と危険を伴うので、2、3日、グランピング（※4）するだけでは感じられない不便さや危険を、間違いなく感じられます。

北海道や沖縄といった都会から離れたところに行くだけでもいいし、あるいは中央アルプスにも結構いいキャンプサイトがありますけれど、そういうところで長期の野外体験をしてみる。**携帯電話やタブレットの電源をオフにして、電波が届かないところで、ひたすら〝水を汲む、ご飯を作る、雨の中テントで寝る〟という経験をするだけでも、先ほどの〝DNAに喝を入れる〟体験は十分できると思います。**

高橋　人間を大きく2つにジャンル分けした時に、何かに没入できる人とそうじゃない人がいると思うんですよ。没入できる人は、たとえばサッカーを観戦して、自分と日本代表を一体化させてヒリヒリするとか、ひろゆき（西村博之）さんもゲームに没入してヒリヒリできるそうです。でも、没入できるものがないという人は、携帯電話を持たずに遠方に行く体験だけでもいいかもしれません。

それって今回のテーマにも繋がっている気がするのですが、生きているというヒリヒリ感を味わうのに一番の体験って、会社を辞めることじゃないですか？

野口　そうですね、思っている以上に会社組織に依存している人は多いでしょうからね。私の場合、先ほど実質的にＮＡＳＡにいたと言いましたけれど、それでも26年間、ＪＡＸＡという組織に所属していました。辞めると決めてから、たとえば名刺がなくなるとか、電話番号、メールアドレスもなくなる、普段通っていた場所に入れなくなるとか、場合によってはそれまで培ってきた人間関係がなくなります。

結局、**人間は社会的な生き物ですから、他者との繋がりにおいて自己のアイデンティティーを築き上げているわけです。自分という存在を作り上げている〝糸〟のかなりの部分が会社と紐づけられている人は多いと思うんです。ですので、その糸を断ち切って外に出て行くのは、まさしくかなりのサバイバル経験ですよね。**

そういう意味では、**〝会社を離れた自分が何をできるのか？〟っていう命題を喉元に突きつけられるのが退職・転職経験ではないでしょうか。**転職の場合は新しくお金をもらう先が決まっているから心理的には楽かもしれませんが、いったん築き上げた人間関係がなくなるっていうのは、実は結構同じくらい大変なんです。

◎自分の価値観を会社に決めさせない試みをしておく

野口　今の日本社会では転職を経験される若い方も多いから、そのあたりの感覚が分かる人も多いとは思います。私は今、57歳ですけれど、会社や人生の先輩である3〜5歳くらい上の方々で、まさに退職する人が増えてきているんです。定年再雇用という制度がある会社も増えましたけれど、それも話を聞いていると退職と同じで、組織のいろいろな繋がりを一気に切られるような経験なんです。

　この定年再雇用という制度には良い面と悪い面があって、収入の確保という意味ではいいんですけど、**再雇用があるからって安心して60歳を迎えて、実はそこでいきなり人間関係やそれまでのアイデンティティーの〝糸〟が切られることに気づかぬまま、60歳を迎える人がすごく多い。先輩たちの話を聞いて、そこまで僕は待っていられないという意識はありました。だったら、その手前で、自分でその〝糸〟を断ち切って、**

自分1人でアイデンティティーを築けるようにしておかないといけないなと思いました。

今、定年を65歳以上にしようという動きの会社もありますが、結局はどこまでいっても終身雇用って死ぬまでではないですから（笑）。所詮は60歳、65歳で、役員定年で70歳というのもあるかもしれませんけど、いずれにしてもどこかで〝糸〟を切られるので、そこに備えて自分でアイデンティティーを作る、**自分の価値観を会社に決めさせないという試みは、少なくともやっておいた方がいいですよね。**

高橋　定年間近な人にとっては結構身につまされる話ですし、若くても管理職になるかならないかのタイミングで同じようなことを考える機会があると思うんですけれど、自分のアイデンティティーを自分で支配して、会社にそれを決めさせないってことは大事だと思うんです。そこでずばり聞きたいんですけれど、野口さんは今回、どうしてＪＡＸＡを辞めたんですか？

野口　僕はこれまで3回宇宙に行ったんですが、1度宇宙から帰ってくると短くても5～6年、長いと10年くらい間が空いてしまうんです。次まで待てないこともなかったんですけど、もう1サイクル待とうとすると60代後半になってくるので、そこまで引っ張ると、そこから違う人生を始めるのは結構しんどいなと思いました。

先ほど話しましたように、5歳くらい上の先輩たちが定年再雇用になっても結果的に会社を離れて苦労されている姿も見ていたので、今のうちに次のスタート、要は〝第2弾ロケット〟に点火しないとこのまま海に落ちちゃいそうだなと思って、点火するなら今がいいかなと退職を決めました。

それと、アメリカ人の場合は風土的に転職への抵抗が少ないので、一緒に宇宙に行った仲間が50代でも転職していくケースが結構多かったので、刺激を受けたという部分もありました。アメリカ人の〝職を変え、家を変え、住む場所を変え〟というスタイルに刺激されましたね。

◎燃え尽き症候群の克服法は、自分の目標を他者に作らせないこと

高橋　多くの退職する人が感じることとしてもう一つ、いわゆる燃え尽き症候群のような状態になることもあると思うんですが、何回も宇宙、あるいは登山に行けるわけもなく、そういうことができない人は、燃え尽き症候群とどう向き合ったらいいんで

しょうか？

野口　２０２１年の東京オリンピックを見ていても、12、13歳でメダリストになるなど、すごいなぁと思う反面、彼ら、彼女らはこれからの人生をどうするんだろうと本当に思いますよね。たとえオリンピックで2回メダルを取っても、幸せは1回目の倍にはならないし、一方でそこからの反動も必ずあります。

私が現在行っている当事者研究で言えば、元アスリート、元オリンピアンの人たちともたくさん話をしていて、たとえば女子カーリングのロコ・ソラーレの吉田知那美さんにロングインタビューをしたことがあります。彼女も２０１４年のソチオリンピックの後に戦力外通告を受けるなど、すごく浮き沈みの激しい中で、２回目、３回目とオリンピックに挑戦しているわけですけど、**晴れの舞台、日の目を見るところが高ければ高いほど、そこから落ちた時の落差がすごく大きいので、みなさん例外なくそこから立ち上がるのにどうすればいいか苦しんでいらっしゃるようです。**

私自身も1回目の宇宙飛行の後はそういう苦しみがありましたし、宇宙に行っているときは良いけれど、戻ってくると一気に目標を失ってしまうという経験があります。でも、回数を重ねるごとにその対処法が実はうまくなっているという部分もある。だからこそ登山家は何度も何度も山に登るんでしょう。

1回目のオリンピックで金メダルを取って、そこから立ち直るのはなかなか大変なことですけれど、対処法としては、そこから違う目標を見つけて生きていく。それはオリンピックと同じ目標ではないと思いますけれど、同じように**自分が日々幸せに暮らせる目標を作っていくしかないと思いますね。それこそが、自分の意味を他者に作らせない、自分で作っていくということになっていくと思います。**

高橋　自分の目標やアイデンティティーを他者に作らせないというのはとても大事だと思います。仕事でも華々しい成果を上げた後、やる気がなくなってしまったり、退職もそうですが、他者ではなく、自分にはこういう目標があって、これを達成してエクスタシーを得られるんだというものは、どうやって作っていったらいいんでしょうか？　作り方のコツみたいなものはありますか？

野口　まさにそこが人生の秘密ですよね。会社でも、若い時にすごく頑張って「あの人、社長賞もらったのにその後パッとしないよね」なんて言われてしまう人もいますよね。私自身も今のところは幸いこういう形で注目していただいていますけれど、何年かしたら、「野口さんって3回宇宙行ったけど、その後パッとしないよね」と言われる可能性は大いにあります（笑）。

有名な賞を取る、大きな目標を達成する、あるいは大きな報酬を得るというような達成感は、大半は他者から与えられる目標であることが多いと思います。日本人は子どもの頃から、学歴社会のような、目の前に人参をぶら下げられている馬のごとく走っている感じがあるので、要するに**人参を目指して走っているのは良いことなんですけれど、その人参を他者に決めさせないで、自分で人参を作るということは、非常に大事なことだと思います。**

突き詰めていくと、**自分がどうしていれば幸せかの答えは、間違いなく自分の中にあるんです。だから、それを探す作業をしなさいということです。**

◎自分自身にとっての〝人参〟を見つけて突き進む

野口　実は僕はこういう風に話をすることは大好きで、他者との関係において、自分がやってきたことをできるだけ伝わりやすく話すのは嫌いではないんです。こういったプロセスが自己満足、自己実現にも繋がっていて、それを大学のような場所で他の研究者たちと話しながら行うのも、すごく満足できる時間なので、そういう時間をこれからは作っていきたいと思っています。

先ほどの登山に話を戻しますと、もし、お金が必要であれば何度も登山ができるような収入源を確保するというのがその手前の目標になると思いますし、それ以前に登山ができる体力も必要でしょうから、その体力を維持し続けるというのが、さらにその手前における日々の努力になっていくはずです。

そういった努力を積み重ねて、**〝こうしていれば自分は幸せだ〟っていう自分自身にとっての人参を1日でも早く見つけて、それに向かって突き進むことが一番大事なのではないでしょうか。**

高橋　なるほど。今日は本当にこれまでで一番胸に刺さったかもしれません。最後に、今、会社を辞めようか迷っている人にメッセージがありますでしょうか？

野口　今だから言えますけれど、**会社だけがあなたの全てじゃないということでしょうか。** **今は会社があなたの人生のほとんどを占めているかもしれないけれど、あなたの人生は会社がなくなっても続くんです。だからこそ、早く出た方がいいんじゃないかということです。**

高橋　そうですよね。そういう思いがある人はですよね。一方で、会社にいるのが幸せだと思っている人もいますよね。

野口　ええ、会社に居続けることも大事だと思いますよ。１カ所で長く頑張るというのが日本人の美徳でもあり、勤労美徳の根幹はそこにあるので、しっかり定年まで勤められる方は素晴らしいです。ただ、そこにどうしても疑問がある方には、会社だけが人生じゃないよということもお伝えしたいですね。

高橋　今日は本当に、ありがとうございました！

【後注】

（※１）**ＮＡＳＤＡ**　１９６９年に日本の宇宙開発の中枢として設立された宇宙開発機関。２００３年に宇宙科学研究所、航空宇宙技術研究所と統合し、ＪＡＸＡに。

（※２）**コロンビア号空中分解事故**　２００３年２月１日にアメリカのスペースシャトル「コロンビア号」が地球への帰還中にテキサス州上空で空中分解し、乗員７名が全員死亡した事故。

（※３）**堀江謙一**　２０２２年６月にサンフランシスコ−兵庫西宮市間の69日間の航海を終え、83歳で世界最高齢のヨット単独無寄港での太平洋横断を達成した海洋冒険家。

（※４）**グランピング**　キャンプ用品や食材・食事などがあらかじめ用意されている宿泊体験。

元日経新聞のエース記者が語る〝辞め時〟の選択

組織に残って〝茹でガエル〟になるより自分の興味が湧くことに挑戦し続けたい

―41歳で日本経済新聞社を辞めました。

後藤達也

（経済ジャーナリスト）

2022年5月23日、6月17日配信

後藤達也（ごとう たつや） 1980年生まれ。慶應義塾大学卒業後、日本経済新聞社に入社。主に、金融市場、金融政策、企業財務などを取材。2019 ～ 21年にニューヨーク特派員を務めたほか、日銀キャップも担当。2022年3月の退職後はフリーの経済ジャーナリストとして、「国民の健全な金融リテラシーの向上」を理念に経済情報を発信している。Twitterのフォロワーは50万人を超え、noteの有料購読者は2万人強にのぼる。

◎日経新聞のエース記者が会社を辞めた理由

高橋弘樹　後藤さん、退職おめでとうございます。お勤めになられたのは17、18年くらいですか、長年お疲れ様でした！

後藤達也　ありがとうございます。２００４年に入社して、２０２２年３月末でちょうど丸18年やってきた感じですね。

高橋　18年いた会社をスパッと辞められたわけですね。後藤さんは日本経済新聞のエース記者だった方で、ニューヨーク支局で市況や株価の解説をされていました。そして、Ｔｗｉｔｔｅｒのフォロワー数がなんと30万人を超えていたという！

後藤　日経にいたときに37万人ぐらいでしたが、いったん、それは会社のものということでやめることにして、代わりに新しく個人用のアカウントを作りました。それが今、22万人くらいですね（２０２３年３月８日現在、52万55人）。

高橋　一社員で37万人のフォロワーを持っていて、外からはエース記者と思われている方が辞めるってなったら、会社としては痛手だったんじゃないですか。

後藤　どうなんでしょうね。うまく会社の役に立っていたかはよく分かりませんよ。

高橋　後藤さんに今日来ていただいた理由はというと、一念発起して会社を辞めた先輩から、メリットやデメリット、何が決断を後押ししたのか、あるいは、現実は辛いとか、いろいろ聞き出していきたいと考えています。

◎今後、10年先、20年先、新聞ビジネスは続くのか？

高橋　まずは日経新聞での社歴から伺ってもいいですか？

後藤　２００４年に入社して、基本的には金融市場、株や為替の動きと、あとは日本銀行担当、つまり、金融政策を半分以上の期間やってきました。２０１９年の春から2年半はニューヨークにいて、最後の半年間は日銀の〝キャップ〟といって、現場の記者を集めて責任を持って取材をして、原稿を仕上げていくという仕事です。

高橋　普通の会社で言うと、課長みたいなものですか？

後藤　ですね。部活のキャプテンをイメージしてもらうと分かりやすいですけど、5〜10人の記者のチームがあって、そこのキャプテン役です。**記者たちを統率しながら**

現場責任者として紙面の案を作って、それを上のエディターと呼ばれる人たち、デスクやもっと上の人の指示を受けて〝作品〟を仕上げていく役割です。

高橋　日経新聞の中でもMOF（財務省）や日銀担当というのは、エリート・オブ・エリートの匂いがするんですけど、そんな日経新聞のど真ん中にいたキャップの方が辞めるって……率直に聞きますけど、どうして辞めたんですか？

後藤　仕事が嫌になったとか、つまらないとか、喧嘩したとかではないです。日経新聞は今も影響力の大きい媒体だと思いますし、日銀に取材する場合でも、日経に所属しているからこそ会える人もたくさんいます。そういう点ではすごく魅力的な仕事でもあるし、書いた記事が何百万人、しかも企業のトップや政財界のエスタブリッシュメント（権威のある人たち）も読んでいるわけで、すごくいい媒体です。これが日経新聞という看板を外して同じようにやれるかというと、当然、難しくなるわけです。

高橋　辞めるに際して、迷うところはありませんでしたか？

後藤　たしかに辞めていいんだろうかという迷いは当然ありました。でも、何で辞めたかというと、大きい明確な理由があるわけじゃないんですね。**たぶん誰でもそうだと思うんですけど、いろいろなものが積み重なって最終的に辞めたという感じです。**

その一つとして、このまま10年先、20年先、ずっと新聞ビジネスというものが続いていくのかどうかを考えたときに、難しい局面になるだろうと思いました。

高橋　紙の媒体は新聞に限らず、どこもすごく部数が減ってますからね。

後藤　日経は電子版が頑張って有料会員を増やしているので、新聞業界の中では比較的健闘している方だとは言われてるんです。でも、20年後も今のように社会に受け入れられるほどの存在感を保てていられるかというと疑問ですよね。もちろん、私も出身者なので保っていてほしいんですけど、なかなか簡単ではないと思います。

私は今、40歳過ぎですけれど、60歳になったら「定年退職です」と言われて世の中に放り出されます。〝人生100年時代〟ですから、ひょっとしたらあと40年ぐらい生きるかもしれないと考えると、80歳頃まで自力で働かないといけない。そういう意味で一つの会社に勤め続けて60歳で放り出されて大丈夫かという不安もあります。

高橋　定年後の40年は長いですよね。

後藤　そこで「さよなら」と言われたときに、「後藤さん、こっち来てください」みたいな引き合いがあればいいですけど、20年後はどうなってるか分かりません。そういう意味では外に出ていろいろな経験をしたり、人脈を広げたりとか、早いうちにそういうことをやっておいた方が、人生全体のリスクを軽減できるんじゃないかと思います。

◎価値観の変化で下がった新聞のプライオリティー

後藤　つまり、日経を辞めることもリスクがあるんですけど、日経に残り続けることにもいろいろなリスクがあると、ここ数年は思っていました。辞めるべきか、残るべきか、じわじわ思っていた中で、最終的に気持ちが辞める方に傾いたわけです。

高橋　めちゃめちゃ興味深いですね。実はこの企画は、僕自身が会社を辞めるかどうかの参考材料にしたいという私利私欲から端を発してます（笑）。僕も今、辞めたい気持ちもあるし、辞めたくない気持ちもある。別に嫌いな会社じゃないけど、どっちがいいか考える時代になってるなと。10年前はそんなこと思いもしませんでしたけど。

後藤　一緒ですね。僕も5年くらい前は、ほぼ１００％定年まで会社にいるだろうと思っていました。そうであれば会社に貢献して、人事評価を求めるわけではありませんけれど、上司に認めてもらうのは大事なことだと考えていました。そういう点で、この5年くらいで価値基準というか、どこに向かってキャリアを追い求めていくのがいいのか考え方が変わってきましたね。高橋さんもそうですか？

高橋　僕も全然変わっちゃいました。僕らは、いわゆる一サラリーマンじゃないですか。サラリーマンだからこそ聞いてみたいのは、価値観が変わったのは時代によるものなのか。時代というのは産業構造も含めた世の中ですね。それとも、自分が40歳になって、この先10年を考えて面白くなさそうだなという年代的なものなのか？　それが見定められていないんですけれど……後藤さんはどっちだと思います？

後藤　たぶん両方だと思います。**自分の中でもはっきり整理できていませんけれど、やっぱり新聞ビジネスの変化が一番大きいのかなとは思っています。**今の人って、隙間時間でほとんどスマートフォンを見てるじゃないですか。かつては中高年の男性だと、朝起きたらＮＨＫを見たり、ソファーに座って新聞を読んだり、電車に乗ってるときも読んだりしてましたよね。でも、今は完全にスマホに取って代わられました。

今思うと、満員電車でも新聞を十数分間読んでくれるって、すごいエンゲージメント（愛着心）だったと思うんです。それがスマホの場合、情報収集だけじゃなくて、Ｇｏｏｇｌｅカレンダーを見るかもしれないし、ＬＩＮＥをやってるかもしれないし、ウマ娘（スマホゲーム）かもしれない。魅力的なアプリがトップ画面に、たとえば28個くらいあって、そこで秒単位の奪い合いをしてる状況になってますよね。

高橋　通勤電車の中で新聞読んでた時間がスマホに取って代わられて、その中でさらに新聞のライバルは圧倒的に多いわけですよね。

後藤　そこで一つのアプリとして日経新聞が食い込んでいけるのかというと、僕は日経新聞の社員だったし、経済に興味があるから今もスマホのトップ画面に日経電子版のアプリを入れてますが、果たして若い人のスマホの28分の1に入れてもらえるかというと、現実問題としてかなり難しい気はしますよね。

もちろん日経はそういう変化の中でもＳＮＳをやったり、電子版のコンテンツを充実させたりして、どんどん時代に合わせていこうとはしているけども、この先もうまくいくのかどうかは分かりにくいところが正直あります。これから10年先、20年先、そこの部分に一本足打法で乗り続けるのは、やっぱりリスクがあるんじゃないかと。**むしろ分散していろいろなこと、新しいことをやっていきたいという思いがかなりありました。ですから、そういう点では時代の変化というか、報道ビジネスを取り巻く環境の変化というものがすごく大きかったという気はしますね。**

◎元エース記者が指摘する日経の改善点とは？

高橋　もう一つ気になるのは、結構大事な問題だと思うんですけど、会社を辞めるか辞めないかのときに、すごく居心地が良かったら辞めないと思うんです。居心地が悪いから辞めるってわけでもないですけど、次のチャンスがあるからとか、やりたいことがあるというのもあると思うんですけど、後藤さんの場合どうでしたか？

後藤　そうですね、今でも日経は好きですし、良い感じで送り出してくれましたしね。でも、**今、人もかなり減ってきているところもあるので、1人ひとりの仕事の負荷が増えたというのは正直あります。そうすると、当然、サラリーマンですからタスクを引き受けないといけない。これやりたい、これやりたくないとか関係なしに、やらなければいけないことをこなしていかないといけない部分で、やはり、窮屈さが年々増えてきたなというのは、辞める原因の一つとしてありますね。**

高橋　後藤さんは日経のことが好きだと思うし、日経に対して別に敵対心を持ってるわけではないでしょうけれど、やっぱり辞めると決断したきっかけの一つとして、ここを改善した方がいいなとか、そういう思いがあるとしたら、どこだったんですか？

後藤　別にここ数年に始まった話ではないですけれど、私たちは組織ジャーナリズムというか、みんなで〝作品〟を作っていくわけです。私ならこれを書きたい、高橋さんならこういう番組を作りたいと思っても、当然のことながら１００％自分の思い通りにはできないじゃないですか。高橋さんはかなり自由にできるのかもしれませんが。

　それにはいろいろな理由があって、たとえば上司から「いや、そういうのより、もっとこういうテイストにしなきゃいけない」と言われると、当然、変えないといけない。でも、そこを話し合いで「やっぱり、こうした方がいいと思うんです」とキャップが言って記事が変わっていくことももちろんあります。新聞は１人のモノではないですし、コラムニストとして書いているわけでもないので、やっぱり会社の中でどういうふうにモノを作っていくかで決まっていきます。

　当然、いろいろな人の意見がある中で、最終的に編集権限を持つ人たちが紙面を作っていくのは、組織ジャーナリズムとして当たり前のことではあるんです。

◎会社の窮屈さに勝るTwitterの自由さ

後藤　**その一方で、やっぱり自分の書きたいことと必ずしも一致しないことが出てくるのは、これも当然ですよね。そうした窮屈さみたいなものを感じ始めていたっていうのはありますね。**ちょうどＴｗｉｔｔｅｒを始めて2年目ぐらいで30数万人のフォロワーがいて、会社からどうこう言われない、完全に１００％編集権を持って書いていたＴｗｉｔｔｅｒに、いろいろなリアクションがありました。その中には素直な反響もあれば、もっとこうしたらいいみたいな提案もあって、狙っていたわけではないんですけれど、直接、お客さんと向き合う機会が開けたわけです。

高橋　自分に直接レスポンスがあるというのは、新聞とＳＮＳの大きな違いですよね。

後藤　そういうことがあると、今言ったような**組織ジャーナリズムの中でいろいろ調整していくより、裸の自分というか、自分自身で伝えたいし、〝これが面白い〟ということを受け止めてくれる人も結構いるんじゃないかと思ったんです。そういう点で言うと、社内でいろんな調整をしたりとか、必ずしも自分がやりたいことではないタ**

スクをこなしていくより、自分でやりたいことをやって、そこそこのお客さんがいれば、その方がモノを作るのも楽しいだろうなというのはありましたね。

まあ、会社を辞めようと思ってＴｗｉｔｔｅｒを始めたわけでもないし、Ｔｗｉｔｔｅｒがあったから辞めようと思ったわけでもないんですけどね。組織に所属する窮屈さを感じ始めた中で、たまたまＴｗｉｔｔｅｒという良いアセット（有用なもの）があったというか、良い場所があったと。総合的に考えて、そのあたりが辞める選択肢の一つだったかなという意識はあります。

◎チーム作業にはチーム作業の良さもある

高橋　先ほど後藤さんは「みんなで作品を作り上げる」って、記事を〝作品〟とおっしゃってましたよね。意識として記事は作品なんですか？

後藤　いや、作品と言う人は社内でもあまりいないかもしれないですけど、ただ、やっぱり1人だとできないこともあるわけじゃないですか。高橋さんだって、1人で番組は作れないですよね。カメラマンもいるし、編集する人もいるし。記者もやっぱりそうで、且つ取材というのも1人で全てできるわけではないので、みんなで協力していかないとできないものって当然あるんですよね。

そうした喜びもあるし、言い換えれば1人ではできないものをみんなで作っていくので、そこは何て言うんでしょう、フリーで1人で自由にやれる範囲でやりたいようにやるのと、みんなで多少窮屈さもありながら頑張ってやるのと、これはどっちが良い悪いというのはあまりないと思うんです。それぞれに良さ悪さもあると思うのですが、気持ちとしてはフリーの方に傾いてきたっていうのはあります。

高橋　記事って言うと、一般の人は事実をストレートに伝えるみたいなイメージですけれど、作品と呼ぶこだわりみたいなものが後藤さんの中にあるわけですか？

後藤　そうですね、ただ単に事実を伝えるというよりも、それをどういうふうに意義づけしていくか、たとえば、何らかの経済指標があったときにパッと数字だけを言うのではなくて、現在の経済の局面や歴史的な観点を振り返って、この記事はこういう意味合いがあるんだということをみんなで議論しながらブラッシュアップしていくわけです。その辺は、ある程度基礎訓練を積んだ人たちが集まった上で議論していかないとできないところだと思うので、そうした編集作業は、歴史ある報道機関のベテランたちがたくさんいるところじゃないとやりにくいと思うんです。そこは醍醐味というか、やりがいだとは思います。

高橋　なるほど。両方の良さがありますけれど、そっちに傾いたんですね。

◎年収約1500万円の収入が〝ゼロ〟になる不安は？

高橋　ここでちょっと下世話なことをお聞きしますけど、公表されているデータから言いますと、「東洋経済」の給料ランキングを見ると、日経新聞社の40歳だと年収１５００万円から２０００万円の間ぐらいいきそうじゃないですか？

後藤　そんなにいかないと思いますけどね（笑）。私はアメリカに行ってたので最後にいくらもらっていたのか、円ドル換算でよく分かっていないですが、たぶん、テレビ東京さんと同じぐらいだと思います。

高橋　１０００万円は超えてますね。だとすると、結構、ヤバくないですか？　それを捨ててフリーランスになるってことは……。まだどことも契約してないですもんね。

後藤　完全フリーです。個人事業主ですから。

高橋　仮に40歳で１５００万円として、月に１００万円くらい入ってきたものがゼロになるわけですよね。それ、ヤバいなと思うんですけれど、恐怖心はなかったんですか？　退職を躊躇する原因って、大抵そこだと思うんですけど。

後藤　そうですよね。**生活するのに十分な給料はもらっていたと思いますし、10年後、20年後は分からないですけれど、３～５年くらいではそんなに増えないかもしれない。一方で、劇的に下がる可能性もあまりないだろうという意味では、当然、辞めるのを迷うポイントではありますよね。ただ、40歳を過ぎると、高橋さんも肌で感じていらっしゃるかもしれないですけれど、この先、一つ歳を取るごとに外に出られる可能性ってどんどん狭まると思うんです。**

高橋　それはありますよね、現場感覚で。

後藤　ですから、自分の今の時価総額というか、将来的に毎年稼げる可能性のあるお金の累積額みたいなものがあるとすると、年々落ちていくわけです。下手すると、45～50歳を過ぎるとガクンと落ちるかもしれない。しかも、辞めても他の会社が全く雇ってくれないとかね。**そういう点で言うと、目先のお金はもらえていて、それはキャッシュインしてきたとしてもですね、その裏側で、１年の間に自分の価値はそれ以上**

落ちてるかもしれないわけですよ。それが、いつ、どのタイミングで起きるか分からないですけれど、40歳を超えると急角度で落ちていくかもしれない。

高橋　ヤバい、ヤバい。もう40歳ですよ。

後藤　さっきも言いましたけれど、**60歳になって、はたと気づいたときに〝ヤバい！〟と思っても遅いかもしれないわけです。**遅くない可能性もあるけれど、私の同期で残って頑張っている人たちもいるので、彼らも成功することを祈っています。

　ただ、**現実的なシナリオを考えると、あえてここで飛び出すのは、〝茹でガエル〟になりたくないからだと思っています。茹でガエルって、初めはぬるくて少しずつ熱が上がっているのに全然気づかなくて、最終的に死んでしまう。言い換えると、38歳と39歳では普通に過ごしてたら変化を感じないですよね。40歳と41歳も変化を感じない。でも、38歳と48歳だと劇的に違ってるかもしれないわけです。**

　その時に、自分の対外的な価値とか、あるいは世の中のビジネスの環境、高橋さんでいうとテレビだけじゃなくてＹｏｕＴｕｂｅとかいろいろなものを含めたエンターテイメントの環境って、10年経てばガラッと変わってるかもしれないですよね。

高橋　そうですね。10年前に自分がＹｏｕＴｕｂｅやっているとは思わなかった。

後藤　そう考えると、**昨年と今年であまり変わってないし、給料もほぼ横ばいだし、しんどいのはしんどいけど昨年と一緒だ。いつか辞めるかもしれないけれど、〝もう1年やってみるか〟というのを積み重ねていると、いつの間にか茹でガエルになって死んでしまうような事態になりかねないなと思ったんです。**

◎1年の変化は小さいが、気づいた時には茹でガエル!?

後藤　言い換えれば、物事って普通は1年で劇的に変わらないと思うんです。会社がよっぽど赤字になったり、よっぽどすごい人事が断行されたりすれば別ですけれど、普通は1年1年って極めてグラジュアル（段階的）なので、〝もうダメだ、今すぐ出ないと〟と気付くきっかけはなかなか起きないと思うんです。**そうこうするうちに茹でガエルのようになってしまうリスクがあって、〝これは100対0で辞めた方が良い〟と思える時まで待っていると、辞めるタイミングを逃してしまいます。**

〝何となく辞めた方がいいかな、どうかな?〟と思っている時に、「エイヤッ!」で決めないとタイミングを逃してしまうような恐怖というか、そういう部分もありました。お金の問題もありますけども、いろいろ考えて、家族とも話して、辞めていいというか、むしろ辞めるべきだくらいの応援をしてもらったので、飛び出しました。

高橋　良い奥様ですね。そこがうちは成立するかな……（笑）。

後藤　妻も働いてるので、仮に1年間、収入が激減しても、いきなり野垂れ死んだりすることはないだろうと。「少しはお金がなくなっても、そんなの全然気にしないから。この18年間働いてきたんだから、しばらくはある程度自由に、やりたいことをやってみたら」と言ってもらえたので、頑張ってみようかなと思いました。

やっぱり妻が働いているかどうかって大きいですよね。もし妻が専業主婦で、小さい子どもがたくさんいたりしたら、他が同じ条件でも踏み切れたかどうかというと、たぶん踏み切れなかったでしょうね。

高橋　そうですね。うちの妻も働いていますけれど、アルバイト的な収入だけだと家賃払えないなみたいなことありますよね。

先ほど良いなと思った〝茹でガエル〟の話なんですけれど、たしかに分からないですよね、1年ごとの変化って。ついボーッとして生きちゃうというかね。

後藤　それくらいの年齢って、働き盛りで忙しいじゃないですか。**日々忙しいとます**

ます腰を据えて辞めるべきかどうか考える暇もないうちに1年が終わってしまい、新しい年になったらまたいろいろな案件もあって……みたいな繰り返しに追われがちです。はたと止まって、やっぱり決断しないといけない気がするんですよ。

◎雪崩が起きる瞬間の〝臨界点〟を見極める！

高橋　後藤さんの場合、どういうタイミングで立ち止まって考えられたんですか？

後藤　じわじわと蓄積してきているものを、あるとき、俯瞰して見直すというか、私は雪崩が起きるのに近いと思っているんです。**退職を雪崩にたとえると退職が悪いイメージになってしまうかもしれませんが、力学的イメージで考えてもらうと、雪崩が最後に起きるときは、大きな石が勢いよく降ってきたわけではなく、普通にしんしんと雪が降り続けている中で、いよいよ限界がきてゴソッと崩れるわけですよ。**

　ですから、最後に降った雪自体が決め手になったわけではなく、ときには小さな石が落ちてきて、それが決め手になるかもしれないですけれど、重要なのは、いろいろと積み重なったものの臨界点だということです。それが今、**どれぐらい雪が積もって**

きているかを、本当に1カ月に1回、3カ月に1回でもレビューしてみて、あのときと比べると辞めた方がいい方に傾いてるな、とかね。レビューするのは、別に3時間かけて机で悩まなくてもよくて、風呂に入りながら3分でもいいんですけれど、そういう時間自体をなるべく持つようにして、今がどういうステージかを考えましたね。

僕は２０２２年の３月末に辞めましたが、最終的に辞めるのを決断したのはその１カ月前ぐらいなんです。２月の半ばは、この春は日経に残ることを基本線に考えていました。ただ、いろいろ細かい出来事があったり、多少、他の材料もあったりして、ここが辞めどきなのかなと思いました。それで一気に家族とも相談して、３月の初旬、１日か２日の夜に、辞めることを家族と決めて、翌日、責任者に「辞めます」と告げました。結構、急な展開だったので、ものすごく驚かれました。

◎たとえ5倍の給料で慰留されても辞める覚悟だった

高橋　上司がどんなリアクションをされたか、非常に興味ありますね。「おい、おーい」みたいに驚くとか……ないか（笑）。

後藤　そんなテレビみたいなリアクションじゃないですよ（笑）。そんな風に言ってくれたら気楽ですけどね。普通に深刻に驚かれました。人にもよりますけれど、本当にビックリされてる方もいましたし、もう決めたことだろうから止めないよと淡々とされてた方もいらっしゃいましたし、あるいは慰留というか、考え直せ、一時的な思いでそう決めたかもしれないけれど、少し時間を置いたら変わるかもしれないとか。あるいは、他のポジションに異動することもできるみたいなことも言われました。

高橋　もし、そこで徹底的に慰留された場合、どうしたらいいですか？

後藤　たとえば辞めるって言った場合、慰留される可能性はありますよね。絶対されると思っていたらおこがましいですけれど、され得る可能性はありますよね。そのとき、こういうポジションがあるぞとか、あるいは給料を増やすぞとか言われたとしても、断ろうと決めていました。というのは、そういうポジションとか給料だったら引き受けるというのは、すごく失礼な感じがしたんです。

それで「はい」って言って、そっちに行った場合、私がいた部署の人間や他の同僚が見てどう思うかですよね。視線も厳しくなると思いますしね。言い換えれば、辞めると表明するとき、どんなことがあっても絶対に意思は変えない。極端な話、給料を

5倍にすると言われても絶対に断るっていう意識で臨みました。

高橋　その人の価値観でもありますよね。ちなみにさっきおっしゃっていた雪崩が起こる以前、雪が降り積もっていく過程は何があったんですか？　記者としてみんなで作品を作る一方で、不自由さを感じていたとか？

後藤　いや、本当に何か一つというわけじゃないんです。会社のいろいろな方との付き合いもあるので事細かには話せないですけれど、やはり窮屈だったり、負荷が多かったり感じるところもありました。一方で、今やってるように独立した場合に想像できる世界と比較してみると、やはり飛び出る方がいいのかなと思うようなことがいくつかありましたね、小さい話ですけど。

高橋　まさにしんしんと雪が降り積もっている感じ？

後藤　そうそう。**ですからものすごい雪が降ってきたわけでもなくて、静かに降り積もっていて崩れそうだったものが、普通にいけばあと1年か2年は残っていたかもしれないところが、ちょっと早くゴソッと落ちたという感じです。**

高橋　静かに降り積もる雪をどう思うかって、記者として組織ジャーナリズムみたいなのが好きな人もいるから、受け止め方は人によりけりでしょうね。

◎〝意識高い系〟より、裾野を広げて発信していきたい

高橋　そう考えると、後藤さんはTwitterをされていて、ジャーナリズムとは少し違う世界の書き方もご存じだし、SNSの魅力も知っています。たくさんの方に聞かれると思いますが、今後は何をされていくんですか？

後藤　今、退職手続きとかいろいろなことをやっていて、合間の休日にこんなことできるかなくらいの感じで考えている程度なので、全然ブラッシュアップされてないんです。ただ、**これまで金融市場の取材をしてきたので、当然、その経験を生かします。全く関係ない仕事でゼロからフリーなんて無理ですから、金融市場の知見を生かして、あとはTwitterなどSNSでどう展開していくかみたいなものは、この2年間で多少は経験を積んできたので、そこを生かしてやっていきたいです。**

高橋　元日経新聞という肩書を利用するというのも嫌な言い方ですけれど、そのあたりはどうお考えですか？

後藤　日経新聞を読む方って、経済の知識を持っていて、経済の情報を知るのに結構

時間を割いても構わないという意識の高い人が多いと思うんです。仮に、そういう方が数百万人いるとして、**一方で、そこまで経済に興味のない人はもっといるでしょう。たぶん何千万人もいると思うんです。でも、全く興味がないかというと、そうでもない。資産運用にしても、難しい株の話や金利の話はよく知らないけれど、貯金があったら運用した方がいいかなとは思いますよね。最近は投資する若い人も増えているので、どちらかというと、そういう人たちにアプローチしたい気持ちがあります。**

意識の高い人にレベルの高い情報を一生懸命練って出すよりも、すごく興味があるわけではないけれど、短時間で読めて、「へぇ～」って興味を持たれるようなレベルの情報、たとえば、２０２２年から円安（※１）が続いていますけれど、〝円安でどうなるの？〟程度であったら経済に興味がある人はたくさんいると思うんですよ。

◎収入よりもたくさんの人と繋がれる方が面白い

高橋　若者はみんな何かしらＳＮＳをやっていますからね。

後藤　ＳＮＳってやっぱり良いプラットフォームで、Ｔｗｉｔｔｅｒにしても Ｙｏｕ

Ｔｕｂｅにしても、すごく裾野が広いじゃないですか。老若男女いろいろな人がいますよね。日経新聞だとどうしても意識高い人向けになってしまいますから。そういう意味で言うと日経新聞で基礎的なことをサクッと説明するのは、あまりマッチしてない可能性があると思うんです。わざわざ月４０００円以上払って読んでくれてますから。

高橋　高いですよねえ（笑）。今のサブスクの観点から見ると、新聞って高いですよね。

後藤　もっとライトに、１週間に１、２分だけでもいいからサクッと読める簡単な情報を分かりやすく仕入れたいという人たちがたくさんいると思ってるんです。Ｔｗｉｔｔｅｒなら無料ですし、ＹｏｕＴｕｂｅなら広告が出ますけれど実質無料じゃないですか。これからｎｏｔｅ（※２）もやろうと思っていますけれど、あれも月額３００～５００円と安い金額にすれば、その辺の層も興味を持ってくれるかもしれません。こちらは１人でやるだけなのでコストも極めて低いですから、そこにチャンスがあるのかなと思っています。逆に言えば、そういうマーケットは大企業だとなかなか挑みにくい。日経新聞が月額２００円で始めるかというと、全く売り上げが立たないです。

高橋　SNSはローコストでスタートできますからね。

後藤　いざ独立して思ったんですけど、私の場合、初期コストもランニングコストも全くかかっていません。何も新しく買ってないんですね。あ、カメラは買いましたけれど、元々持っているパソコンで、元々あったパワーポイントで編集してるだけで、人も雇ってないし、初期費用もほぼゼロ。ランニングコストだって、仮にYouTubeの視聴数やnoteの部数が何百倍になっても変わらないじゃないですか。

私自身、最低限生きていくだけのお金があればいいし、あまり金銭欲もない。給料が3分の1になった状態が続いたりしたら、生活水準が下がってたしかに辛いですけど、じゃあ2倍、3倍にしたいという欲望があるかというと、あまりないです。

収入が2倍になったら日々の幸福感も2倍になるとは全然思っていなくて、たぶん1・1倍くらいにしかならないですよ。それより、いろいろな人と繋がれるSNSの方が楽しみで、Twitterを2年間やっただけでも30数万人の人と繋がって、たくさん反響があったんですから、もっと時間をかけて信頼を作ったり、裾野が広がったりしていけば、お金以上に楽しいものが得られそうな気がします。

ですから、この先1年、日経で稼いでたお金に全然届かなかったとしても、それはそれでいいかなと思ってます。

高橋　めちゃめちゃ格好良いですね。

後藤　新聞という大きい組織に所属しているよりも、Ｔｗｉｔｔｅｒは自分でやりたいことをどんどんやれるし、逆にこれはダメだなっていうのはやらなくていいわけですよね。ＹｏｕＴｕｂｅもそういう試行錯誤がどんどんできるようになりますし、それぞれ何万人、何十万人という相手のリアクションが日々入ってくるわけで、そこで学ぶことというのはすごく大きいでしょうし、そこでまた新たな試行錯誤もできます。

他にも、ＴｗｉｔｔｅｒとＹｏｕＴｕｂｅをリンクさせることもできるでしょうし、たとえばテレビに出たときも、それとＴｗｉｔｔｅｒをつなげればどういうふうになるのか、メディアを超えたシナジー効果を探っていけると思うんです。

◎ＳＮＳを駆使して金融リテラシー向上に寄与したい

高橋　そろそろ時間なので、後藤さんが日経の記者を辞めてまでやりたいことっていうのは何でしょう？　経済に興味がちょっとあるけれど、日経新聞を買うちょっと手前ぐらいの人とかに対してアプローチしたいということ？
後藤　ちょっと手前というより、もっと手前の人ですね。たとえば高校生もそうです。高校では２０２２年４月から金融教育の授業が始まっていますからね。それと、最近、アメリカ株を買う若者も増えているんですよ。日本はよく報道されているように、金融資産の半分以上が預貯金です。だからと言って、どんどん株を買えばいいかとか、ビットコインを買えばいいかっていうと、やはり、やり過ぎはダメです。でも、今はあまりにやってなさ過ぎだと思うんです。

　もっとやらないと経済が活性化しないし、個々人の資産だって、預金していたらお金は減らないように見えますけど、**たとえば円安になったり、株価が上がったりしてみんなが高いものを買えるようになったときに、「貯金が５００万円あります」と言っても、その価値は昔の５００万円ではなくなっています。やはり資産を守る意味でもいろいろな金融資産を買っていかないといけないと思います。その部分で健全な後押しができるようなことをしたいですね。**

　一方で、ＴｗｉｔｔｅｒやＹｏｕＴｕｂｅを使っていろいろな情報が流されているじゃないですか。間違った情報や極端に誇張した情報、あるいはこの株を買えばあっという間に１００万円が1億円になるとかね。

高橋　そういうこと言っている人、たくさんいますよね。

後藤　そういう方がやっぱり読まれるんでしょうね。ＹｏｕＴｕｂｅも過激な見出しの方がビュー（再生回数）が稼げて、広告収入も入りやすいでしょうから、場合によっては詐欺的な商売も起こり得ると思うんです。それって非常に残念なことで、詐欺に遭う人は気の毒ですし、もっと広い意味で言うと、健全な貯蓄から投資への流れがストップしてしまいますよね。

だからと言って、そこに大資本が入ってきて教育するかっていうと、月額１００〜３００円みたいなところは無理だし、そもそもお金を落としてくれないゾーンじゃないですか、若者って。結局、怪しい人たちがＳＮＳに残っているというのが現状だと思うので、お金は稼げないけれど、そういうところで社会貢献ができるという意味では、結構、ブルーオーシャン（※競合他社が少なく、１人勝ちのような状態）な気がしてるんですよ。お金稼げないのでオーシャンじゃないかもしれないけど（笑）。

でも、社会に役立つという意味では、やろうとしてる人がいてもなかなか現実に動いてる人が少ないゾーンだと思うんです。自分自身の活動でもそうですけど、日経テ

レ東大学でもそういうリテラシー向上みたいなものにうまくつなげられるものができればいいなという風には、ぼんやりですけれど思っています。

高橋　日本人の金融リテラシー、投資のリテラシーの向上に貢献されると。実は既に大学の教授とか内定してるんじゃないですか？

後藤　いやいや（笑）。大学の先生や高校からゲスト講師やイベントに呼ばれたりすることはありますよ。正直、フィー（報酬）が特別いいわけではありませんが、金融教育はすごくやりがいがあるというか、私が喋ったときに学生がどういう顔をしているかとか、高校生がこの話には目を輝かすけれど、この話には全然興味がなくてスマホを見ているな、というのが分かりますし、やはり、人を直接見てみないと分からないこともあるので、喜んで行っていますよ。

高橋　そういう教育もやられていくということですね。

後藤　教育も、というか、そこが一番根っこの部分で、それを実現するための道具としてTwitterやYouTube、noteなどは活用できるツールという感じです。5年、10年経ったら、また、新しいプラットフォームが出てきているかもしれませんしね。そもそもWeb3.0（※3）になったらプラットフォームという言葉自体が死語になってるかもしれないですけれど、**いずれにせよ金融というテーマはなくならないでしょうし、どんなプラットフォーム、どんなメディアになろうと最終的には人間に帰結するわけですから、そこにうまくつないでいけるよう、手段はその時々の流行り廃りとか影響力も考えながら、自由に作っていきたいです。**

◎私は「エイヤッ！」で会社を辞めました！

高橋　最後に、〝私は○○で会社を辞めました〟という回答をもらっていいですか？

後藤　**私は「エイヤッ！」で会社を辞めました。これは結局ですね、ふざけた回答のようですけれど、さっきも話しましたように、会社を辞めるのに明確な理由はないと思うんです。〝あっ、今、この瞬間が絶対に辞めるべきポイントだ〟という瞬間が訪れることってあまりないですよ。**大きな事件が起きたからという人もいらっしゃるかもしれませんが、多くの人は、かなりギリギリまで迷って、辞める辞めないの綱引きの中で、最後にそっちに傾いたという感じだと思うんです。

　決断として、何が何点で何が何点でと合理的に積み重なっていって、最終的に辞めるスコアに達したから辞めます、ではなくて〝もう辞める！〟という感じです。
言い換えれば、「エイヤッ！」という風に辞める気持ちがなければ、いつまで経っても会社に残ってしまう可能性もあります。〝いつか辞めようとは思ってる……〟という気持ちを残したまま、結局、いつまで経っても辞められなくて、茹でガエル的なものになりかねない。「エイヤッ！」というのは、結構大事な最後の勢いだと思います。

高橋　今は事務処理などで大変な時期だと思いますけど、率直な話、辞めてどういうお気持ちですか？　楽しいですか？

後藤　いや、事務処理ばかりでもなくて、それこそ『報道ステーション』（テレビ朝日系）に呼んでもらったりとか、NewsPicks（※4）の番組に出させてもらったりとか、いろいろな新しい風を感じて、やっぱり面白いなと思いますね。いろいろな人と出会えて世界も広がります。これまでも新聞記者でしたから、比較的いろいろな人に会っていた方ではあるんですけれど、フリーになってもっと広がった感じがします。**辞めて良かったと言うと会社に申し訳ない気持ちがしますけれど、独立して良かったかどうかの気持ちの比率は100対0ですね。**

高橋　それはいい話ですね。ありがとうございました！

【後注】

（※１）**円安**　２０２２年10月に１ドル＝１５０円を超えるまで上昇し、約32年ぶりの安値水準となったが、２０２３年１月13日には１ドル＝１２７円台半ばまで下降した。

（※２）**ｎｏｔｅ（ノート）**　２０１４年４月にサービスを開始した、クリエイターが文章や画像、音声、動画を投稿し、ユーザーがそのコンテンツを応援できる有料制プラットフォーム。

（※３）**Ｗｅｂ３・０**　個人情報や利益を独占する巨大企業から脱却し、ブロックチェーンをはじめとする技術を利用して、情報を分散管理する次世代のインターネット。

（※４）**ＮｅｗｓＰｉｃｋｓ（ニューズピックス）**　テクノロジーや金融・経済からスポーツ・文化、さらには学生生活まで幅広く網羅したオンラインニュースサイト。２０１５年４月スタート。

〝シン・竹中平蔵〟的日本人の働き方改革論

まずは自分がやりたい方向を見つけて、その方向に合った人生を選択する

—71歳でパソナグループを辞めました。

竹中平蔵

（経済学者）

2022年8月30日、9月6日配信

竹中平蔵（たけなか へいぞう）1951年生まれ。一橋大学経済学部卒業後、日本開発銀行入行。1981年に退職後、米ハーバード大学客員准教授、慶應義塾大学総合政策学部教授などを務める。2001年、小泉（純一郎）内閣の経済財政政策担当大臣に就任し、以降、金融担当大臣、郵政民営化担当大臣、総務大臣などを歴任。その間の2004年7月、参議院議員選挙に当選し、2006年9月に辞職する。慶應義塾大学名誉教授。

◎労働市場の二重構造是正と地方創生に尽力

高橋弘樹　竹中さんはパソナグループの会長を２０２２年8月にお辞めになられたということで、ささやかですが、ご卒業おめでとうございますの花束をどうぞ！

竹中平蔵　ありがとうございます。

高橋　何年間勤められたんですか？

竹中　13年間ですね。

高橋　会長職としては、結構長いですね。今回、「なんで会社辞めたんですか？」というテーマでいろいろお聞きしていきたいんですけど、その前にまずはパソナでどういうことをなさっていたのかを教えてください。

竹中　最初、南部靖之代表から「パソナで会長をやっていただけませんか」と言われた時、「私は公共事業を減らしたり、郵政を民営化したり、一部の既得権益者にすごく恨まれています。そんな私が会長をやると、謂《いわ》れのない批判が会社にいって、パソナにご迷惑がかかりますよ」と申し上げたんです。

南部さんは非常に立派な経営者ですから、「そんなの構わないから、一緒に労働市場を良くしていきましょう」とおっしゃいました。その言葉に感銘を受けてお受けしました。私はこれまでに政府や大学関係の仕事も経験しましたから、取締役会に出席して、経済や社会の動向について提案を行いました。

高橋　会社の具体的な事業というよりは、もう少しマクロな政府の方向性とかについて議論していったという感じですか？

竹中　いえ、会社自体の方向性もそうですし、今、社会はこんな方向に動いてるから、その方向に合わせて事業もこうしていったらどうかとか、そういうことですね。

高橋　具体的にはどんなことをされていらしたんですか？

竹中　私は、ビジネスの現場に詳しいわけではないですけれど、これからはより一層、デジタル化を進めなければいけません。今までは人と人とが対面してやっていたことをいかにデジタル化していくか。それが一番大きかったかもしれませんね。

それと、**今後、労働市場はどんな風に変わっていくだろうかということで、労働市場の変化に合わせていろんなことをやらなければいけないと。基本的には「同一労働同一賃金」――これを実現できるかどうかですよね。**日本の労働市場というのは明らかに二重構造になっているわけです。はっきり言いますと、正社員は特権を持っていて、その特権は１９７９年の東洋酸素（現・日本酸素）事件における東京高等裁判所の判例（※１）によって守られていて、正社員というのは首をほとんど切れないことになっています。

そうすると企業にとってみると、これは固定費になります。固定費が大きくなるのは耐えられないので、その高裁の判例が適用されないような部分について非正規社員を増やしてきたという意味で、二重構造になってるわけです。でも、**やはり二重構造はおかしいんです。一緒に働いているのだから同一条件にしないといけません。同一労働条件を目指す法律もできてきたわけで、そこが大きな変化の方向です。**

高橋　竹中さんがされてきた派遣の拡大とかですね。

竹中　いえ、そこが間違ってるんですよ。厚生労働省がやったんです。私は１９９０年くらいからずっとやってるし、小泉（純一郎）内閣の10年以上前からやっているし、現実にそういう働き方をしたいという人が多い。ついでに言うと、派遣は全労働者のわずか２％です。

ワイドショー的な議論だと、「派遣は悪いことである、それをやったのが竹中である」

みたいなことを平気で言いますけども。これもう１００回ぐらい、そうじゃないって説明したんですけど、みんなもう面白おかしく言ってるだけです。

　もう一つ、やはり地方創生（※２）はすごく重要なテーマになってきています。ご存じのように、パソナは２０２０年９月から本社機能の一部を淡路島に置いていますけれど、そうした地方創生の基本的な方向について意見を言っていました。

◎会長を辞めたのは企業の新陳代謝を促すため

高橋　そこで番組のテーマですけれど、どうしてパソナを辞められたんですか？
竹中　タイミング的に最初は5年だけと言ってたんです。でも、5年やったときに、もうちょっと頑張って10年やろうかと。それで10年やって68歳でしたから、じゃあキリのいいところで70歳まであと2年ということで12年になり、それが13年になって、ようやく区切りがつけられたということです。
　理由としては、企業も新陳代謝が大事ですから、次の若い人が育ってきてほしいというのが一つあります。私のように外から入る人間は、やはり新陳代謝しなければいけないと思っています。**たとえば社外取締役の場合、一定期間長くいると独立した社外取締役と認められなくなってきます。だから、新陳代謝することに意味があって、他の取締役と入れ替わって初めてその企業の活力が出てくると思うんです。**

　今回、コロナ禍の中でようやく業績も回復してきて、それなりに足腰も強くなった。だから若い人たちに引き継げると思って踏み切りました。

高橋　普通の人は、一度会長をやると辞めたくなくなるじゃないですか？　なのにサックと辞められたから、すごいなと思いました。

竹中　私はね、若い頃からたくさんの老害を見てきたんですよ。老害って本人は分かってないと思うんですけれどね。**人間は年齢とともにいろいろと経験値が上がって、どんどん能力が備わってきます。でも、その一方で硬直性も出てきて、別の意味で能力が下がってくるところがありますよね。**自分ではそれは気づきにくいんですよ。

◎〝老害〟になりたくないから議員も早期辞職した

竹中　自分1人でできる仕事はいくつになっても続ければいいと思うんです。たとえば芸術家とか、音楽家とか、作家とか、そういう1人でやる仕事はいいんですけれど、**組織をまとめてたくさんの人を巻き込むような仕事は、一定の年齢になったら退くべきだと思います。自分はまだやれると思っていても、周囲から見ると老害だということになる。**それをね、やはり自分で早めに判断しなきゃいけないと考えていたんです。もう70歳を超えましたから、早めに判断しようと。それが今回の機会になったわけです。

ただし、その一方で成田悠輔（経済学者、イェール大学助教授）さんみたいに、「一定の年代になったらみんな老害だから辞めろ」というのは暴論ですよ。これは年齢による差別ですから、〝女性だからダメだ〟というのと同じ論理です。人によってすごく差が出ますからね。

高橋　元気か、元気じゃないかとか。

竹中　能力が落ちた分、よく勉強しているか、していないかでその差が出る。そこは組織のトップになった人ならば自分で判断しなきゃダメです。政治家も同じで、「出処進退は自分で決める」って小泉さんが言ってたでしょ。私も同感で、これまでたくさんの老害を見てきたから、早めに判断したいとずっと考えていました。

高橋　参議院議員も任期の途中でお辞めになりましたよね。あのときはどうして2年で辞められたんですか？

竹中　政治の世界というのはやはり怖いと思うんです、権力があるから。それともう一つはたくさん貸し借りがある。政治の世界に長くいると、貸し借りに縛られてしまうと思ったんです。もともと私は、職業政治家になりたいと思ってなったわけではありません。小泉さんという非常に異色の総理に「一緒に手伝ってくれ」と言われたので、サッカーのレンタル選手みたいな立場で政治の世界に行きました。だから、一つの目的が終わったら元の学者に戻るというだけのことです。

高橋　でもその決断はなかなか難しいですよね？　まだやれると思ってしまうから。

竹中　だから老害が多いんだと思います。私は、若い人も育ってきているし、自分で老害は避けたいと思ってましたから、ハッピーなタイミングだったと思いますよ。

◎日本の教育制度の問題はどこにあるのか？

高橋　竹中さんとお話ししていて思うのは、優秀な人ほどやる気をなくしてしまう問題や、風説の流布多発問題、それと、なんで賃金は上がらないんだろうとか、日本はこれからどうしていったらいいのかって考えたときに、結局、教育問題に行き着くということなんです。今、日経テレ東大学で「新しい義務教育」という番組をやっていて、これは、令和の時代にどんな勉強を義務教育に取り入れたらいいかという番組です。竹中さんにお聞きしたいのは、どんなことを勉強したらいいかということです。

竹中　**どんなことを勉強したらいいかというより、いかに勉強したらいいかということの方が大事だと私は思います。**つまり、教員免許を持った人が教科書に基づいて教えると、すごく偏った知識しか出てこないじゃないですか。そうではなくて、今ようやくアクティブラーニング（※3）という言葉が使われるようになりましたけれど、たとえば〝消費税を引き上げるのは良いのか、悪いのか〟という問題には必ず両論あります。両論あって、正解がないからこそ議論を深めなければいけないということを教えるのが一番重要なことだと思います。

高橋　一定程度の知識や教養はないといけませんけれど、そういうアクティブラーニングを取り入れたり、あとメディアリテラシーの必要性でしょうか？

竹中　そうですね。でも、アクティブラーニングをするためには、アクティブラーニングができる先生がいなければいけないわけです。

高橋　どこにいるんでしょう？

竹中　現在の教員免許では無理ですよね。よく言うんですけど、私はアメリカのハーバード大学とコロンビア大学、日本では慶應義塾大学で教えましたけれども、日本の中学・高校では教えることができません。なぜなら教員免許を持っていませんから。

高橋　次は教育改革もやってもらいたいですね。

竹中　教育改革を前面に押し出した内閣というのは、１９８０年代の中曽根（康弘）内閣以降ないんです。あのときは臨時教育審議会（※4）を作って教育を全面的に改革しました。もう38年前ですね。

それ以降、どの内閣も「教育が大事だ」とは言うんですけれど、〝この内閣は教育改革をやるんだ〟と前面的に押し出した内閣は一つもないんです。ということは、この何十年、教育改革はほとんどなされてないということです。

高橋　そこをパシッと打ち出す内閣は出てこないんでしょうか？

竹中　実は岸田（文雄）内閣でも明確な政策を打ち出してはいませんけれど、人的投資を拡大すると打ち出しているわけです。それは方向としては正しいですよ。でも、そのためにどうするのかという議論はまだ何もされていない。

たとえば、堺屋太一さん（※5）が最後に経済企画庁長官をされていたときに、最後の「経済白書」を書いてるんです。

◎先進国から見ると日本は今や低学歴社会!?

竹中　この「経済白書」は大変読み応えがあります。まず第1章に、この100年間で日本が世界に誇る経済発展を遂げた理由は何なのかを、歴史家らしい堺屋さんなりの視点で書いてあるんです。

その要件は2つあって、一つは、**その都度その都度、日本は非常に柔軟に制度を変えてきたということです。たとえば終身雇用や年功序列だって、実はすごく新しい制度なんです。これは戦後の発展にはふさわしかったけれど、今はもう変えなきゃいけない。**今まで日本は成功体験に酔って変えないできたけれど、本来はものすごく柔軟に変えてきた国だったんだというのがあります。

もう一つは、圧倒的に人的資源なんです。**日本は自然の資源がないでしょう。それを人的資源で補ってきたわけです。ところが今、日本は人的資源がすごく劣化してま**

す。象徴的なことを言うと、日本の大学の進学率はＯＥＣＤ（経済協力開発機構）の平均値より低いです。実は日本は、世界の先進国から見ると低学歴社会になっているんです。

高橋　それはまずいですね、そんなことになっているんですか。

竹中　しかも大学生は勉強しない風潮がありますから（笑）。まず教育改革、人的投資、根本的なことをやらないとダメですよ。

高橋　もう少し体系的に言うと、教員免許を持った人以外でも授業ができて、アクティブラーニングを取り入れたりすることもできるじゃないですか。さらに何を改革したらいいんですか？

竹中　中学校や小学校を作りたいけど、作れないです。免許取れないから。それはやはり教職員組合の力がすごく強いからですね。

高橋　みんなもっと株式会社みたいにできればいいんですかね。

竹中　そう、だからそういうものをもっと自由に作らせてくれということです。たとえば今、大学の附属じゃないと小学校や中学校は作れないという制約があるわけです。もう一つ、たとえば学校を作るには校舎がなければいけないとか、設置基準みたいなものがあるんです。別に不動産屋じゃないんだから、教室は所有していなくてもいいでしょう。

高橋　それがあの森友問題で問題になったんですね。校舎や用地とか。

竹中　私は本当にメディアにしっかりしてほしいと思うんです。たとえば、加計学園の問題ってあったでしょ、獣医学部のね。獣医学部を作るのに、たまたまそれを作ろうとしている人間がたまたま安倍晋三元総理の友人だったというだけの話です。それ以外何もないですよ。それよりも重要なのは、「なんで50年間も獣医学部ができていないんだ」ということ、それこそしっかり議論すべきことじゃないですか。

◎競争から逃げ続けていては日本に明日はない！

竹中　しかもね、設置するのに申請したら、法律で、文部科学省が審議しなきゃいけない。で、どうして50年間作れなかったかというと、大臣告示で申請を認めないという。ロシアや中国よりひどいでしょ。そういうことが平気で行われてるんです。

高橋　それはどうして変えられないんですか？

竹中　そこに族議員がいて、その背後に圧力団体があるからです。政治のそういう利権を追及しなきゃいけないのがメディアの役割なのに、そういうことはやらないで、〝総理の友達だった〟ということだけ追及しているから、この国はダメなんです。

高橋　メディア自体もっと勉強しなきゃいけないのはその通りだと思いますけど、族議員たちは、これ以上増えたら「共倒れしたり、研究施設を維持できない」と考えて、そう言ってるわけですか？

竹中　共倒れじゃなくて、競争すればいいじゃないですか。共倒れするのが嫌じゃなくて、競争するのが嫌だから反対しているわけです。医者の世界も同じでしょ。

高橋　（競争を）嫌がってる人たちがいるっていうことですよね。

竹中　タクシーも同じですよね。タクシーも免許制にすることで規制緩和に対して反対して。たとえば、Ｕｂｅｒ Ｅａｔｓの配達員さんは完全な競争ですからね。優秀な配達員さんは評価されるけど、そうじゃない人は評価されない。そういう競争が日本人は基本的に嫌いなんです。

　面白い調査結果があって、だいぶ古いんですけど大阪大学でやったアンケート調査で、「あなたには秘書が２人います。２人とも一生懸命やってくれている。でも、だいぶ能力が違って、Aさんは優秀だけどBさんはそうじゃない。同じ給料を払うべきですか？　払うべきじゃないですか？」という質問です。圧倒的に日本とロシアが突出している答えが「同じ給料を払え」というものです。

高橋　平等主義ですからね。

竹中　アメリカや中国、韓国は、「ちゃんと成果に合わせて高い給料を払え」という答えです。これも、時代とともに変化していってはいるんです。「やはりそこは成果で評価していいんじゃないか」という人が日本でも増えているんですよ。

高橋　今の教育には良いところもあるけれど、課題も多そうじゃないですか。

竹中　やはり今まではね、それなりに良かったんですよ。私は日本の教育制度のお陰で教育を受けることができたんです。地方都市の商店街で生まれて、周りに大学を出た人なんて1人もいなかったんです。

高橋　草履屋さんでしたっけ？

竹中　そうです。履き物屋の息子で、病院の先生と学校の先生ぐらいしか大学を出た人はいなかったんです。でもね、**当時、公立の小学校に行くと、「君たちはちゃんと勉強して立派な大人になりなさい」とか、「親の言うことをしっかり聞いて親を大事**

にしなさい」って教えてくれる立派な先生たちがいました。国立大学は当時、授業料がものすごく安かった。私のときなんか授業料は月１０００円ですよ。

高橋　今は年間50万円くらいしますよね。

竹中　そうでしょう。ですから、日本が先進国にキャッチアップする段階では画一的な、ある種平等主義みたいなものは、大学という高等教育の大衆化という意味ではすごく重要な役割を果たしたんです。そこはものすごく大事だと思うんです。

　ところが、日本経済が世界のフロンティアに立つ段階では、キャッチアップする時の教育とは違って、世界の最先端を担えるような人の教育をやらなきゃいけないわけでしょ。それなのに今までと全く同じで、同じような教科書で何年に何があったか覚えるというやり方です。経済の発展段階や社会の状況に応じて制度も変わっていかなきゃいけないんだけれども、それができていないということです。

◎会長退任後はベーシックインカムの政策研究を

高橋　竹中さんは、これから何をされていかれるんですか？

竹中　お陰様でまだすごく元気だし、好奇心も旺盛なので、もっといろいろなことを勉強して政策研究をやりたいですね。中身はもう徹底してベーシックインカム（※6）のことをやりたいです。

徹底して競争して市場の活力を生かしながら、しかし、この第4次産業革命（※7）というのはものすごく優勝劣敗の社会でもあるので、それに対するセーフティーネットも用意しておかなきゃいけない。究極的に、やはりそこにはベーシックインカムしかないと私は思います。これは簡単なことではないです。ものすごく時間がかかるけれど、それが必要だということを発信していきたいですね。

それともちろん改革もやらなきゃいけない。今回、新型コロナウイルスの問題で、日本の医療制度がいい加減だということがよく分かった。医療改革をやるべきで、医師法を変えるべきだし、ロックダウン宣言もできるようにすべきだし、そういうことはずっと言っていきたいと思います。

それともう一つ、今まではどちらかというと政策を作る側から物を見ていたわけですけれど、それを実践する地方自治体やベンチャー企業と一緒に議論をして支えたいと思っているんですよ。今、ベンチャーを作ろうとしている若い人たちは結構いて、そういう人たちに、私の経験がどの程度役に立つか分かりませんけれども、ベンチャー企業が世界的な企業になるような、そんなことをやっていきたいなと思ってます。

高橋　今3つおっしゃられました。政策研究と、改革を進めていきたいということ、それとベンチャー企業を支えたいと。具体的にはどうやっていかれますか？

◎中央から地方へ……〝シン・竹中平蔵〟の野望とは？

竹中　いろいろなベンチャー企業で私の知恵が役に立つときにはお助けしたいと思っているし、あとは、たとえば、安倍元総理、菅（義偉）前総理の下でいい制度ができたんです。国家戦略特区とかスーパーシティとか。ところが、たぶん私が嫌われてる理由は、普通の霞が関から出てこないような政策をポンと総理に申し上げて、それが実現しているからだと思うんです。骨太の方針で予算の仕組みを変えるとか。これって霞が関の人は大嫌いですよね。それをやったわけですよね、小泉内閣時代に。郵政民営化は小泉さんのアイデアをやったでしょ。それと、コンセッションもそうです。コンセッションというのは、空港みたいな施設を、所有は国だけど、運営は民間にすると。これも当時の前原（誠司）国土交通大臣にお願いしてそういう法律を作りました。でも、役人はやりたくないんですよ、だって、国が持ってる方がいいじゃないですか。たとえば、仙台国際空港に行くとね、国の所有ですけれど、運営は東急と前田建設工業がやっているんです。**面白いのは、仙台国際空港に滑走路が見渡せるガラス張りの眺めのいい部屋があるんです。今、そこがビジネスクラスのラウンジになっているんですけれど、国が空港を運営しているときに何の部屋だったかというと、所長室だったんです。コンセッションをやられると、所長がいられなくなるから嫌なんです。**

国家戦略特区も、とにかく成果を出して全国に広げると。族議員や圧力団体はそんなの嫌に決まってるじゃないですか。しかも、スーパーシティはそれをより強化したものだから。そういう制度ができましたけれど、実際にやる段階でやはり役人が骨抜きにするんです。

たとえば地方自治体がこういうことをやりたいと言うと、霞が関の役人が「そんなのやめとけ」って止めるんですよ。だから地方自治体の人と、「役人がそう言ってるならば、こういうふうな形で論破したらいい」とか、そういう議論をぜひしたいです。

高橋　役人と対等に議論できるようにということですね。そういう地方のコンサルタントみたいなこともやっていかれる？

竹中　コンサルタントはお金をもらうわけですけれども、それは政策研究の一部だから、お金はもらいません。

高橋　本当ですか⁉　竹中さんがタダで相談に乗ってくれるらしいから、地方自治体のみなさんは相談した方がいいですよ！

竹中　それは価値のあること、国のためになるんだったら相談に乗りますよ。

高橋　その〝シン・竹中平蔵〟はちょっと面白そうですね。

◎竹中平蔵から見た岸田内閣の真の実力は？

高橋　今、政府の仕事の話が出ましたけれど、岸田内閣がまた内閣改造をしました（２０２２年８月）。僕のような不勉強のメディアの代表例みたいな人間から見ての意見で恐縮ですが、あまり何も進んでない気がしますけれど、大丈夫なんですか？

竹中　岸田内閣は、２０２２年の骨太方針がその性格をものすごくよく表しているんです。骨太方針って２００１年に我々が初めて作ったわけですけど、それ以前に何があったかというと、政策には必ず予算、つまり、お金の裏付けが必要ですから、予算が決まるときに政策も一緒に決まったんです。政策と予算が渾然一体となって決まる仕組み。だから毎年12月の予算編成時に霞が関は大騒ぎ。

高橋　庁舎は夜通しずっと明かりがついていましたね。

竹中　みんな布団を持ち込んで陳情に行ったりとかね。結果的に予算を決める大蔵省（当時）がものすごく大きな政策全体を決める権限を持ったわけですよ。これは不健全だということで、政策の議論を夏までにしましょうと。それに基づいて、12月まで粛々と、それにどういう金額をつけるかの予算の査定は財務省がやってください。そういう風に政策と予算を分けたんですよ。それが骨太方針の意味なんですよ。

　ところが、２０２２年の骨太方針はその政策についてそんなに詳しく書かれてるわけではなくて、たとえば、〝新しい資本主義〟というのはこういう考えです、〝デジタル田園都市〟というのはこういう考えですという概念整理なんです。

　概念整理で新しい資本主義の一つの例をとると、人的資源を強化しますと。これは良いことです。たしかに良いことが書いてあるんですけれど、続けて、「そのために何をやるかは年末までに決めます」なんて書いてあります。

高橋　以前に逆戻りしちゃったんですか？

竹中　新しい概念が分からないから、概念整理をしたということなんじゃないですか。

高橋　でも、それやると何も決まらないですよね？

竹中　たとえばグリーン革命（※8）のために、GX（グリーントランスフォーメーション）経済移行債を発行する。そういうのを決めているわけです。ただ枠組みは決まっているんだけれど、具体的に、たとえば人的資源として何をやるんですか、補助金を出すんですか、減税するんですか、いくらやるんですかということは分からない。

高橋　小泉さんや安倍さんの時には竹中さんがブレーンをやっていたイメージもありますけど、今は誰が？

竹中　今は霞が関依存だと思いますね。

高橋　霞が関の官僚さんたちにお願いして？

竹中　そこで粛々とやっているということです。象徴的に言うと、岸田さんという方は人事がうまいですね。総理官邸には官僚がいるんですけれど、今、次官経験者が4人いるんです。こんなの初めてですよ。**霞が関は年次の社会なので、年次の高い次官経験者がトップになると霞が関を整然と動かせる。ただし、さっき言ったように、官**

僚が嫌がるので突き抜けた政策はなかなかできない。そこは非常に岸田さんらしいやり方です。

高橋　安倍さんはどういう形でやられていたんですか？

竹中　安倍さんの場合は、いくつかはトップダウンでやったわけです。国家戦略特区にしても、スーパーシティにしても。菅さんの場合はトップダウンで、まさに新型コロナウイルスのワクチンがそうでした。あのとき、官僚が全く言うことを聞かなかったのをご存じですか？

高橋　厚労省とか、総務省とかでしたっけ。

竹中　特に厚労省が言うことを聞かなかったんですよ。どういうことかというと、1日100万回ワクチンを打つって言って、そんなんできるわけないですよと。何月までにどれだけ打つって言っても、「できるわけないですよ」の一点張りだったわけです。それで菅さんはどうしたかというと、厚労省じゃなくて総務省を使ったんです。総務省は自治体に交付金を出すでしょ。交付金を出す財政課があって、そこを通して自治体に要請したんです。

高橋　お金の力関係が大きかったというわけですね。

竹中　ええ。それで多いときは1日170万回ぐらい打ったでしょ。あっという間にできちゃったわけです。最初、厚労省がワクチンを認可しないので遅れたわけですけれど、その後、やっぱり菅さんの力業でガーッといったわけですよ。

菅さんから聞いた話ですけれど、当初、ワクチンをいかに確保するかというのが重要な話だったわけです。菅さんが直接、ファイザーの社長とやり合ったんです。日本を訪れていたファイザーの社長を迎賓館に連れて行きました。あの時は、国家元首でもない人を何で迎賓館に連れて行くんだと批判が起こりましたけども、ファイザーの社長は迎賓館の日本庭園で鯉に餌をやりたかったんです。なぜなら、トランプ（前大統領）がそれをやってるのがアメリカ中にテレビで映されていたからです。その瞬間に100万回分って言ってたのが700万回分になったと。それはやはり一種のトップダウンですよ。

◎一番大事なことは、自分が何をやりたいか

高橋　竹中さんのお話をもっと深くまで聞きたいんですけど、せっかくなので、働き

方に対する考え方も聞きたいんです。
　竹中さんは70歳過ぎてからも楽しそうじゃないですか。僕らや視聴者は20～40代が多くて、僕なんか40歳で、もうすぐ老害って言われると思うんですよ（笑）。

竹中　もう言われてるかもしれないよ（笑）。

高橋　竹中さんが推進した政策の良し悪しは僕には分かりませんけれど、雇用は流動化していて、終身雇用もなくなるじゃないですか。どうしたらいいんですかね？

竹中　**ロシアの作家マクシム・ゴーリキーの『どん底』にすごく良い言葉があるんですよ。「仕事が楽しければ人生は極楽。仕事が義務ならば人生は地獄」と。家でご夫婦で過ごす時間も重要だけれど、結局、会社で過ごす時間もすごく長いわけで、それが自分のやりたいことに結びついていればやりがいはありますしね。**ベンチャー企業の経営者でブラックな労働環境で過労死する人っていないですよね、自分のやりたいことやってるから。

高橋　そうか、時間じゃないんですね。

竹中　そこは会社に対するコミットメントが大事で、**だから私はやっぱり、自分は何をやりたいかっていうことを持っていることがすごく重要だと思うんです。**日本は就職じゃなくて〝就社〟って、よく言われますよね。自分はこの仕事やりたいんだ、会計の仕事をやりたいんだとか、法務がやりたいんだとかではなくて、〝××株式会社に入りたい〟っていうのが多い。

ＭＩＴ（マサチューセッツ工科大学）のメディアラボの言葉に、これまた面白いものがあるんですよ。**〝Compasses over Maps〟という言葉で、マップよりコンパス、地図が重要なのではなくて羅針盤が重要だという意味です。**

◎サンクコストを重視する日本人

高橋　それを分かりやすく説明すると、どういうことですか？

竹中　たとえば日本で分かりやすい人生の地図というのは、偏差値の高い有名大学に入って、一流企業に入って、それで管理職になる——と。それが一昔前の人生の地図だったんです。ところが、今やそんなものは全然役に立たないわけですよ。大企業なんていつどうなるか分からないし、社長になっても大したことないっていうことになる。

そうすると、地図じゃない。地図はすぐ変わって、良いと思っていた会社がダメになっていたりする。そうではなく羅針盤だと。**自分は何をやりたいか、〝こっちに行きたい〟という方向をちゃんと持っているかどうかが大事で、その方向に合わせて人生を選択することが私は大事だと思うんです。**

私の場合、本当に政策研究をやりたいと思っていたので、あるときは役所の研究所にもいたし、アメリカの大学にもいたし、いろいろな研究機関に関わって、今、ダボス会議（世界経済フォーラム年次総会）の理事もやらせていただいてますけども、そういうふうに仕事がいろいろと変わっています。「平蔵、お前はものすごく仕事が変わってるな」とアメリカ人に言われたことがあって、私は、「そうです。でも、私はいつも同じ仕事をしてます。時によって給料をくれる人が違うだけです」と答えました。この状況に感謝していますけど、自分のやりたいことが仕事になってきたのがラッキーだったと思いますね。

高橋　そう生きられるコツは何ですか？　なかなかできないと思うんですけど。

竹中　やっぱり辞める決断って大事ですよね。自分のやりたいことを考えて、ここよりもっとこちらの方がいいと思ったら躊躇なく辞める。

高橋　竹中さんって世間からいろいろなイメージで見られていますけれど、ただ、スパッと辞めてるのは事実じゃないですか。そのスパッと辞めるのが難しい。

竹中　難しいですよね。

高橋　僕だって会社辞めたいなと思う時ありますけど、辞める決断って出来ないんですよ。どうしたらスパッと辞められるんですか？

竹中　それはなぜかというと、〝サンクコスト（※既に支出され、今後、どのような意思決定をしても回収できない費用）〟という言葉がありますよね。そこまで費やした時間を考慮して、〝何とかここまで10年間やってきたのだから、あともう少しやれば退職金がこれだけ増える〟とかね。

高橋　思っちゃいますね。

竹中　やっぱり**日本人ってサンクコストをすごく重視するんですよね。特に日本の終身雇用や年功序列制度みたいなものは辞めさせない制度になってますから。サンクコストを大きくする制度になっているので決断はたしかに難しいかもしれない。**でも、もう一つ、行動経済学の中で、人間は、たとえば1万円を拾ったときの喜びよりも、1万円落としたときの悲しみの方が大きいというのがあるわけです。失ったもの、それってサンクコストをすごく大きく見積もるということです。

だからそこは人生の決断で、サンクコストがせっかくあるのにそれを台無しにして、奥さんや子どもに迷惑をかけることだってあるから簡単には言えませんけれど、でもやっぱりサンクコストを大きく見積もり過ぎる傾向があります。そこに気をつけようと思うのが重要なんじゃないですかね。

高橋　なるほど、ちょっと過大に心配しすぎて、もったいないと思い過ぎてないかということですね。

◎〝老害〟を排除するサクセッションプラン

高橋　最後、竹中さんがおっしゃっていた〝老害の定義〟って何ですか？　僕も成田さんの言うことは少し分かって、自分自身も上が詰まってるから好きな番組が担当できないなっていうこととかあって、〝辞めてくれ〜〟って思うこともありました。

ただ、それが年齢で一律なのかっていうと40歳みたいな60歳もいれば、逆に80歳みたいな50歳もいるわけです。老害の定義って何でしょう？

竹中　それを定義するのは難しいですよね。やはり「自分で考えろ」と言うしかないんですよ。つまり、その**組織のトップ管理者、ないしはトップという者は多くの人を巻き込んでいるわけで、多くの人を巻き込んでいるときに、ポジティブな要素とネガティブな要素を考えて、どちらが大きいかを考えるというのに尽きるんじゃないですか。**

高橋　相当優秀な経営者でも、それが客観的に見えている人なんて出会ったことないですよ。

竹中　私はオリックスの社外取締役もやりましたけれども、オリックスの実質的創業者は宮内義彦さんという人です（※創業当時はオリエント・リース）。宮内さんは大変立派な方で、実質的創業者だから長い間社長をやっていらしたんですけれども、普通そのあとですね、顧問とかになるじゃないですか。でも彼は一切やらなかったんです。

高橋　創業されたり、突き抜けて優秀だったり、そういう方はずっといてくださっていいと僕も思うんですけど、そうではなく、一般企業の老害の方々には、どうやって退場していただくのが一番いいですかね（笑）。

竹中　それをやるのがコーポレートガバナンスですよね、本当はね（笑）。コーポレートガバナンスで何が重要かというと、社長を辞めさせるメカニズムですよ。コーポレートガバナンスと社外取締役です。私は、社外取締役の最大の仕事は〝サクセッションプラン〟を作ることだと思います。

高橋　サクセッションプランとはどういうことですか？

竹中　簡単に言えば次のプランです。次の社長を誰にするか？　指名委員会と設置会社で、指名委員を全員社外取締役にして、そこに今の社長は入れない。

高橋　島耕作（※漫画『課長島耕作』の主人公）が取ってるシステムですよね。

竹中　そう。それは重要なことですよ。ところが社外取締役は今どうなっているかっていうと、日本では十分機能してないと思いますよ。

高橋　でも、そういう会社が多くなってくればちょっと変わってくるかもしれない？

竹中　私が聞いた話では、ソフトバンクの社外取締役をユニクロの柳井正さんがやっていた時期があって、そのとき、会長兼社長の孫正義さんが何か提案すると、柳井さんはすぐ「反対！」って言ったそうなんです。

高橋　それって、いいことですよね？

竹中　いいことですよ。でも、今の社外取締役というのは、何種類かに分かれてますけれども、社長の親しい人と、あと、役人を定年になった人が結構多いんです。昔みたいに政府機関に天下りできないので、民間企業の社外取締役を2つ3つやると、今までと同じぐらいの所得になる。そういう人たちは絶対社長に歯向かわないですよ。

それともう一つ、コンサルタントの人がなっているケースも同じです。コンサルタントって、クライアントには歯向かわないですからね。ですから、平気で反対できるような人を社外取締役にしないとやっぱりダメです。

高橋　どうしたらそれが実現できますか?

竹中　少しずつ、少しずつ、2人入れる、3人入れるという感じでやっていくわけです。このガイドラインに従ってください、従わないのだったら従わない理由を説明してくださいというようシステムが、ようやく少しずつ出てきました。

これは安倍内閣の成長戦略から出てきたわけですけれども、一つのアイデアとして、〝あなたはサクセッションプランに対してどのぐらい関わりましたか〟といった感じで、サクセッションプランに対する考え方を社外取締役全員に言わせるといいのではないでしょうか。あるいは、〝会社提出の議案に、あなたは何割反対しましたか?〟とかね。そういう指標をガイドラインの中に入れていくやり方が考えられると思いますよ。
高橋　でも、そのやり方を導入、開始させるのが難しそうですね……。
竹中　そのガイドラインを作るということに対して、一番反対してたのは経団連（日本経済団体連合会）ですからね。社長さんが反対するわけです。
高橋　社長は嫌でしょうからね。
竹中　ですから、それも一種の緊張関係ですよ。先ほど競争メカニズムが重要だと言いましたけれど、これも緊張関係が重要だということです。建設的な緊張関係を作るようなシステムにしていかなきゃいけないんです。極端な場合、これを法律にするっていう手もあります。実際、法律にしている国もありますから。
高橋　日本だと法律にするのが手っ取り早いかもしれませんね。
竹中　日本という国はあくまで〝努力義務〟ですからね。
高橋　税制で優遇するのはどうでしょう?
竹中　税制で優遇するっていうのも一つの手かもしれないですね。
高橋　最後に一言だけ言っておくと、僕は会社で常務になりたいんで、老害の話はうちの会社（テレビ東京）のことじゃないってことだけエクスキューズしておきます

（笑）。うちの会社はいい会社です（笑）！

竹中さん、お忙しい中、貴重なお時間ありがとうございました。そして、13年間いろいろあったと思うんですけど、本当にお疲れ様でした。

【後注】

（※1）**東洋酸素事件**（1979年）　従業員の整理解雇に関して、経営上の必要性・解雇回避の努力・解雇者の合理的な選定・会社の説明の4要件が法律的に判断された事件。

（※2）**地方創生**（淡路島）　パソナグループが2008年より行う人材誘致による独自の地域活性事業。文化・芸術・食などを通し雇用を創出。

（※3）**アクティブラーニング**　従来の教員が一方的に行う講義形式ではなく、生徒が能動的に考え実践する教育法。ディベート、グループワークなどがそれにあたる。

（※4）**臨時教育審議会**　1980年代の学歴社会や非行増加に伴い、教育改革を目的として設置された内閣総理大臣直属の諮問機関。

（※5）**堺屋太一**　経済企画庁長官・内閣官房参与・内閣特別顧問を歴任した、小説家・評論家。自分で会社も経営していた。

（※6）**ベーシックインカム**　性別や年齢、労働などの条件に制限されることなく全国民に決められた額を定期的に支給する政策。

（※7）**第4次産業革命**　18世紀の最初の産業革命以降の4番目の主要な産業時代。IoT（モノのインターネット）やAI（人工知能）、ビッグデータを用いた技術革新などのことを指す。

（※8）**グリーン革命**　現在の化石燃料を使った社会システムを、風力や水力などのグリーン燃料を使った社会システムへ変革すること。

〝脱資本主義〟で日本人は幸せになる!

資本主義の最前線で 戦ったから分かった 個の幸せを 追求することの大切さ!

―52歳でドーム(アンダーアーマー日本総代理店)を辞めました。

安田秀一

(実業家)

2022年6月20日、28日配信

安田秀一(やすだ しゅういち) 1969年生まれ。法政大文学部卒業後、三菱商事入社。1996年に退職後、株式会社ドームを設立し、代表取締役CEOに就任する。同社はアメリカのスポーツアパレル「アンダーアーマー」の日本総代理店。法政大学時代、アメリカンフットボール部では主将として活躍し、学生全日本選抜でも主将を務めた。2016年9月から法政大学体育会アメリカンフットボール部監督、2017年1月から総監督となり、2018年3月に退任。著書に『スポーツ立国論』(東洋経済新報社)等がある。

◎ザハ案を潰した社長も会社を辞めたくなる!?

高橋弘樹　今日は「なんで会社辞めたんですか？」というテーマで話をお聞きしたいと思いますけれど、まずは26年間、本当にお疲れ様でした。

安田秀一　ありがとうございます。でも、まだ辞めてないんですよ（笑）。一応、ポジションは変わると思うんですが……。

高橋　そうでしたか（笑）。今、終身雇用制度が終わりつつある中で、多くのビジネスマンが会社を辞めるか否か真剣に悩んでいるので、一念発起して決断した先輩からヒントをもらいたいと思っています。

安田さんがどんな方なのかを分かりやすく言うとしたら、２０２１年開催の東京オリンピックで、国立競技場の「ザハ案」（※１）を潰した人、ですかね（笑）。

安田　破壊工作員みたいですね（笑）。潰したというか、改善したわけです。

高橋　最初に、これまでやっていらしたお仕事についてお聞かせ願えますか？

安田　僕は法政大学文学部日本文学科を出て、三菱商事に入りました。法政から三菱商事へはなかなか入れませんから頑張ったんですけれど、結果として全然手も足も出ず、４年間、けんもほろろで退職しました。その後、26歳の時に僕と高校・大学の同級生の今手義明、そして僕の父親とで１００万円ずつ出資して、資本金３００万円で有限会社ドームを立ち上げて、ＣＥＯ（最高経営責任者）になりました。

高橋　有限会社ドームというのは、何をやってる会社なんですか？

安田　もともと４つぐらいコアなビジネスがあったんですけど、そのうちの３つを売却しました。今、やっているのは「アンダーアーマー」というアメリカのスポーツブランドのライセンシーです。彼らのブランドのロゴを使う代金を払って、我々は「アンダーアーマー」の商品を自分たちで企画・生産・販売をしています。

高橋　「アンダーアーマー」のドンってことですよね。ちなみに売却された３つは何だったんですか？

安田　サプリメント事業の「ＤＮＳ」というブランドと、「ドームアスリートハウス」というジム事業、あとは自分たちで創業した「ドームスポーツメディカル」というメディカル事業で、テーピングやアイスバッグ、バンテージを販売する会社です。主にコロナ禍が原因でしたけれど、金融機関対策として売らなきゃいけなくなりました。

◎資本主義社会は自身の欲望との戦いである

高橋　安田さんとあるご縁でお話しさせていただく機会があって、その頃に、会社辞めるって決められたとお聞きしました。

安田　もとも辞めるのは決まってたんです、実は。僕自身、次のＣＥＯを誰にするのかとか、そういう議論はずっと続けていたので、それを公に話せるようになったのがあのタイミングという感じだったんです。

高橋　まずはそのあたりからお聞きしますと、なんで会社辞めるんですか？

安田　本当のことを言うと、〝宇宙の力〟でしょうね。

高橋　え⁉　それって、〝スピ（リチュアル）〟ってる話ですか（笑）？

安田　スピってる話ですね。やっぱり、**世の中ってスピっているんですよ。どうしてスピっているかというと、現実の中で精一杯やってるからなんです。現実社会って、自分の手ではどうにもならないことがたくさんあるじゃないですか。それが良い方向に傾くか、変な方向に傾くかって、スピリチュアル以外の何物でもないです。**

僕はずっとアメリカンフットボールをやっていましたけど、楕円形のボールですから、こっちに転がるか、あっちに転がるかで勝ち負けが決まってしまうんです。
そういう体験をしてきているから、やっぱりここぞというときにはお墓参りに行きます。それで反省する。ご先祖様の前で「すみません、こんなダメな自分で。ダメな人間ですけど、応援してください！」って言いますね（笑）。
そうすると自分の悪かったところが見えます。**僕は資本主義の最前線で生きてきましたけど、資本主義は欲望との戦いです。資本主義社会で働くというのはどういうことかというと、〝心の中に荒馬を飼い慣らすことだ〟って僕は言っているんです。**

高橋　それはどういうことですか？　原始的な欲望ということですか？

安田　荒馬の尻を叩いて暴れさせて、それを乗りこなす――それが僕の中では資本主義のイメージです。この荒馬が弱くても面白くないし、強すぎると落ちてしまう。だから、乗りこなす技術をしっかり身につけないといけない。その技術の一つがスピリチュアルな部分だったりするのかなと思いますね。

高橋　極限の世界で戦っていらっしゃるからなのかもしれませんが、経営者の方って意外と、お墓参りに行かれたり、修験道とかにハマる方って結構いますよね。

◎資本主義という荒馬を乗りこなせなかった

高橋　会社の規模としては、安田さんが離れると決めた時点の売り上げと利益はどれくらいだったんですか？

安田　２０２０年の売り上げが約３２０億円で、利益が12億円くらいですね。
２０２０年はみんなコロナ禍で赤字になりましたけれど、僕らはその前年にリストラに手をつけて、26年間でその年だけ赤字だったんですけれど、翌年、世の中が一番ひどいときに黒字になったので、〝やっぱり俺ってやるな！〟という気はしましたよ（笑）。
でも、同時にもうそろそろ辞めどきかなっていう感じでもありました。

高橋　コロナ禍でも業績が回復したんですね。それでも辞めるという決断をするにはどういう力学が働いていたんですか？

安田　力学はいろいろありますよ。うちの会社は非上場なので、ずっと銀行からの借り入れでやってきたんですけれど、やっぱり２０１９年に赤字を出したのが大きかった。銀行からの借り入れにはコベナンツ（※２）というのがあって、赤字になると、銀行の管理下になるんですよ、本来は。

高橋　赤字を1回出しただけで？

安田　もうアウトです。銀行が会社の全ての権利を握ってしまうんです。ですので、銀行から「クビ」って言われたら、クビです。そういう約束で借り入れしているから構わないんですけれど、そこには赤字になる原因というものがあって、結局、僕は資本主義という荒馬を乗りこなせなかったんですよ。

僕らみたいなスポーツブランドのビジネスというのは、マーケティングフィーを払って商品を売ります。たとえば良い選手と契約するとか、うちの場合なら読売巨人軍と契約させてもらうとか、そういう部分でお金を払って認知度を上げて、エキサイティングな空間を作って……とやっていくんですけど、いつか需要の天井が来るわけです。この天井をとにかく上に持っていくのがマーケティング活動です。広い意味でそういう活動の一つに国立競技場の件があって、どういうことかというと、**建設費が1000億円安くなることによって、そのお金が他のスポーツ振興に使えるわけで、それによって我々の市場が大きくなるという発想を持ちつつ取り組んだんです。でも、そういった活動がウチのポテンシャルの天井に達しているのに気づかないまま、どん**

どん石炭をくべていってしまったというのが現実でした。

高橋　マーケティングフィーをどんどん払ってしまったと？

安田　そうです。あとは商材の供給です。我々は実体ビジネスをやっていますから、たとえば来年の売り上げを10％増やそうと思ったら、商品は15％くらい多めに作らなきゃいけない。商品を作るには糸が必要ですから1年以上前から発注するでしょう。天井に達しているのに発注したものだから、オーバーシュートしてしまって赤字になる。何でそうなったかといえば、これはやっぱり自分の驕りでしょうね。

高橋　まだまだいけると思ったわけですね？

安田　そうですね。**自分はまだまだいけるって言ってましたし、自分でもすごくイケてる感じがしてたんですよ。相当威張ってましたし、今でもちょっと威張ってますけど（笑）。マイバッハ（※現在はメルセデス・ベンツが販売する高級車）とか乗ってましたしね。**

高橋　マイバッハ乗ってたんですか！　格好良いですね。

安田　僕もアメリカの「アンダーアーマー」と一緒にやってきたから、いわゆる資本主義狂騒曲みたいな世界にいたんです。飛行機の移動はほとんどケビン（・プランク

※アンダーアーマーの創業者）のプライベートジェットで、東京から大阪へ行くのもプライベートジェットに乗ってました。そうすると、家族で沖縄旅行に行くときに羽田空港で並ぶのが嫌になったりするんですよ（笑）。

高橋　嫌になる気持ち、分かりますよ（笑）。

安田　プライベートジェットって、車で家から飛行機のすぐ横まで行けるんです。そういう経験をすると、空港で荷物持って並んで待つのが嫌になるじゃないですか（笑）。

◎セレブの世界観に対抗できるのは宇宙パワー!?

高橋　赤字になってしまったのは、勢いに任せて数字の検証が甘くなったということですか？

安田　そう。調子に乗ったってことですよ、完全に。

高橋　全然そう見えないですよ。ここまでお話を聞いてると、辞めざるを得なくて辞めたところもありますよね、忸怩《じくじ》たる思いで。人間って、思いと裏腹に辞めなきゃいけない時ってあるじゃないですか。そういう時にどう自分に折り合いをつけるのかなとか、その次どうするのかなとか、とても大事なことだと思うんです。もう一度聞きますけれど、銀行との関係で辞めなきゃいけなかったんですか？

安田　いや、踏ん張ればそんなことないと思いますし、暴れることはいくらでもできたと思いますよ。

高橋　オーナー企業で株も持っているから、銀行から「辞めた方がいいのでは」と言われても、「いや、俺がこう立て直す」って交渉することもできたわけですよね。

安田　もちろん。でも、銀行だけじゃなくて、アメリカからも「大丈夫か？」っていう話がありました。あとは、占い師。占い師は最初から「辞めた方がいい」と言ってました。それと、子どもたちの声もありましたね。

高橋　お子さんたちは何ておっしゃったんですか？

安田　うちの子どもたちは僕の一番良いときも見てるし、特に上の子は留学してケビンの家に住んでいましたから、アメリカンドリームの裏の姿も知っていて、「もういいんじゃない？　一生懸命やったじゃない」って言ってくれたんですよ。

高橋　やっぱり安田さんもちょっと殺気立ってたんですかね？

安田　そうだったと思います。当時の仲間にも言われますよ、「お前はあの頃、話しかけるのも大変だった」って。それだけ人を狂わせちゃうんですよ。キム・カーダシアンとか、フロイド・メイウェザーとか、パリス・ヒルトンとか、セレブの世界観が人を狂わせますよね。狂わせるからこそ、そこに対抗できるのは宇宙パワーくらいしかないし、だから、どうすべきかを天の神様に聞くというね。

高橋　その占い師さんというのは、よく当たる方なんですか？

安田　当たりすぎて怖いですよ。僕は割と「算命学」を信じていて、「天中殺」も当たっているなと思っていたんです。あれは統計学みたいなものだから、当たるに決まっているという人もいますよね。人類の文明は生まれてから何万年も経っているじゃないですか。その間、天気を読んだり、星を見たり、月を見たりして生活してたわけです。そういう意味で、文明は現代社会のここ数十年のテクノロジーよりものすごい蓄積があるから、そこは信じた方がいいのかなという気はします。

◎リストラからコロナ禍のプロセスが大変だった

高橋　そういったアドバイスがあって、でも、最後はご自身で納得して決めたんですよね。どういうロジックで辞めようと思ったんですか？　営業利益12億円だって、まだまだ伸ばせるかもしれないでしょう。

安田　ガンガン伸びますよ、これから（笑）。

高橋　株主として、収入もですけれど、ビジネスとしても面白そうじゃないですか。それでもCEOを続けようとは思わなかった？

安田　そこは、さっき言った宇宙パワーを背景にしたカッコつけじゃないですかね。**やっぱり、リストラからコロナ禍のプロセスが大変だったんです。金融機関も含めて、いろいろなプレッシャーがありました。**30代前半の銀行マンから「引き続き当行として支援するには、安田さんの資産を全部出してもらわないとできません」って言われちゃうんですよ（笑）。でも、彼らもやるべきことを言ってるだけですからね。

　僕がずっと調子に乗っていたのも見ているから、家に帰ったら奥さんに「安田に言ってやったよ！」って言ってるかもしれない（笑）。僕はもう甘んじて受け入れました。ずっと頭下げて、全然逆らったりしませんでしたね。

高橋　ちなみにかなり株をお持ちですから、売ったらそれなりに儲かりますよね。それが動機なのかは別ですけれど、結果として得る部分はあるんですよね。

安田　それは現実部分としてはありますよ。**僕はずっと社員のためとか、人のためと思って会社をやってきましたけれど、まあ辞めざるを得ないようないろいろなパワーが働いて辞めた方がいいと思ったわけです。お涙頂戴みたいな感じなのに、〝あれ？　お金入ってくるの？　何だ？　この仕組み〟みたいな気持ちは正直あります。**

高橋　３桁億円？　それとも２桁？（笑）

安田　いやいや、それはちょっと（笑）。今はまだ経営者ですから何とも言えませんけれど、その部分というのは、いまだ日本では触れるのはタブーなんですよ。創業者がどれくらい利益を得るとか、株主がどうこうみたいなのって、割とタブーです。

でも、アメリカだったら全部表に出てます。たとえば、ＷｅＷｏｒｋ（※３）というシェアオフィスの創業者アダム・ニューマンの資産を調べると、たぶん、１５００億円ぐらいあって、彼がどうやってそうなったのかも分かります。

◎お金を稼ぐことと幸せは同じではない

高橋　安田さんが、辞める第１段階として、どうやって自分の意と反することを飲み込んだのかなって。周りの助言と、ちょっと超越的な力というか、最後の最後は自分で決断したことなのかなってところにすごく興味があります。資本主義の仕組みに疲れたのか、それを改良したいのか……そこに何かヒントがあるような気がしたんです。カッコつけたからとおっしゃいましたが、カッコつけたってどういうことでしょう？

安田　結局のところ、競争に勝つという意味で、資本主義もカッコつけなんです。資本主義は〝Big is better.〟だから、〝自分のビジネスモデルが最高だと思ってる人間〟と戦えるわけです。そこに銀行がついてきて、どんどん上に行くのが資本主義の実態ですけれど、要はカッコつけです。そういう意味で言うと、一味違うカッコつけ方をしたくなったのかもしれない。

それともう一つ、僕はそういう人たちを割と知っていますけれど、意外と幸せそうじゃないんですよ。本当に幸せな人ってあんまり見たことない。ビル・ゲイツにしても、２０２１年に離婚したでしょ。

結局、資本主義も方法論で、〝人間は何のために生きているのか？〟ということに尽きると思うんです。**僕は幸せになるために生きていますけど、資本主義というゲームのルールでお金を稼ぐことが幸せだと思ったから、お金を稼ぐために頑張っていた**

んです。でも、お金を稼ぐことと幸せが同じかっていうと、全然違うことに気づきました。それが一番大きなきっかけかもしれない。

高橋　お金を稼ぐのと幸せは違う……面白いですね。

安田　あるタイミングでお金がバーンと増えるけれど、一方で、幸せはどんどん落ちていくみたいなことだと思うんです。でも、中毒化してるからやめられない。

◎地球を変えようと思っていた〝安田バージョン1〟

高橋　安田さんの場合、そのゲームがいったん終わって、それで株で少し儲かって、蓄えもあるし、お金が手元にかなり残って時間もできるでしょう。退職後、次に何をされるのかなってすごく気になります。安田さんが書かれた『スポーツ立国論』（東洋経済新報社）を読ませていただくと、ビジネスのためにやっているというより、日本を変えたいと思ってますよね。

　東京オリンピックや高校野球も絡んできますけれど、スポーツの世界にビジネスの視点を入れることで、たとえば税金を使わずに競技場も造れるし、選手もハッピーだし、観客もショーアップされたものが見られるし、良いことづくめだと。それができない理由は日本の規制とか、政府の意思決定メカニズムにあると。他のコラムで森喜朗さんに喧嘩を売ってるのも読みましたけれど（笑）、それを実行に移すんですか？

安田　あの本は調子に乗ってた〝安田バージョン1〟時代に書いてるんです（笑）。当時は〝地球を変えてやろう！〟と思ってました。小学校の頃から何かやってやろうと思っていて、それは別にお金ではなく、世の中のために頑張りたいと。

高橋　書いてあることはお金儲けというより政策提言ですもんね。

安田　まずは〝世界基準で考えようよ〟ってことが言いたかった。政治・経済全部そうなんですけど、〝世界でどうなってるのかをしっかり見て、日本で政策作ろうぜ〟ということで、スポーツを題材にすると分かりやすいってことを言いたかったんです。

　スポーツってみんな興味ありますからね。たとえば、**選挙で〝1票の格差〟と言われても実感が湧かないけれど、高校野球の場合、人口が約56万人の鳥取県で1校出てくるけれど、僕が生まれた大田区（東京都）は約70万人いるのに1校じゃなくて東京全体で2校しか出られない。こんなの絶対不公平じゃないですか。**

　まるで不公平なことをそのままやってるんだから、1票の格差もしっかり考えないとダメだよということを言いたかった。そんなの民主主義でも何でもないと。

高橋　スポーツの視点で民主主義を見ると分かりやすい。

安田　そういうこと。だから、成田悠輔（経済学者、イェール大学助教授）さんがおっしゃっているような理論とか本当に目からウロコで。ああいう発想を持つ若い人が出てきてるのが驚きなのと嬉しいのとで、そういう知的な輪に入りたいって思って（笑）。ああいう感じで社会を最適化していくような動きをしたいと思っていたんです。

◎スポーツの文脈で日本の問題を指摘したかった

高橋　具体的に言えば「ザハ案」を見直したりとか、安田さんはいろいろ成果を残してきたわけですよね。ずっとスポーツビジネスの世界に携わられてきて、日本のスポーツビジネスはどうしたらもっと良くなるとお考えですか？

安田　結局、スポーツ界を良くしようと思ったら日本を良くするしかない。**僕らは日本という〝船〟に乗っているわけで、いくら船の上でスポーツビジネスで頑張ろうと思っても、船が沈んじゃったら海に落ちてしまう。仮にスポーツの経済規模が1・2**

倍になっても、円安が進んだら逆に縮小してしまう。だから僕はスポーツ界を改善していくこともやりながら、日本が抱えている問題を指摘したかったんですね。

高橋　本にも書かれていますけれど、日本の問題って何ですか？

安田　一番の問題は中央集権だと思います。中央集権と、中央集権を作ってきた日本的カルチャーかもしれない。

高橋　スポーツの文脈でいうと、どのあたりに現れているんでしょう？

安田　一つは高野連（※４）ですよ。たとえば、高橋さんの息子さんが高校の野球部に入っていたとして、他の部員がタバコを吸っているのが発覚した場合、高野連がその高校を甲子園に出場できないと決めます。じゃあ〝高野連って何なんですか？〟って話ですよ。

高橋　そういえば何なんですか、高野連というのは？

安田　高野連は新聞の販促団体です。朝日新聞と毎日新聞。２０２０年にコロナ禍で甲子園の中止を発表したのは新聞社です。これはメディアとスポーツがずっと両輪のようにやってきた例ですけど、たとえば、力道山（※５）の登場でテレビが普及しました。日本テレビとＮＨＫが独占して視聴率１００％を達成した。

つまり、力道山というコンテンツを使って国家がテレビ事業を推進し、さらに言うと松下電器産業がテレビを製造して日本中に販売網を築き上げて、今のパナソニックができた。スポーツとメディアは親和性が高く、メディアがスポーツコンテンツで成長するのも昔からあるビジネスモデルです。それと同じで、新聞を全国あまねく売るための高校野球です。〝地元の高校が東京の高校に勝ったぜ！〟みたいに快進撃をしたら新聞の地方版で情報を知りたくなるわけで、新聞のキラーコンテンツが甲子園大会です。

高橋　でも、一企業がやっているのはいいとして、それがオリンピックになってくると税金が絡んでくるわけですよね。

安田　いやいや、高野連もダメですよ。だって、何で高野連が「出場停止」と言えるんですか。何がダメかというと、教育と謳っているからです。〝甲子園大会は新聞の販促イベントです〟と言うなら理解できるけど、彼らは教育団体だと言っているんです。

高橋　それは偽ってるからってことですか？

安田　だってそうじゃないですか。教育はどこがするんですか？

高橋　高野連ではないですよね。

安田　学校ですよ。学校が責任を持ってやっているわけで、タバコを吸った生徒をどうするのかは学校が決めるべきでしょう。タバコを吸っている生徒を直すのが教育じゃないですか。高野連はそれを直す機能なんか持っていない。「出場停止」って言うだけですよ。**そういう中央集権的な仕組みがあるから、日本全体が沈滞しちゃうんです。だから、みんな中央を見て中の人にゴマをするという……この支配感と非支配感、〝親方日の丸〟もそうでしょう、そういう感覚が日本の問題だと思う。**

そこをもうちょっと民主的に、みんなで意見言ってもいいじゃないか、もっと自由にやってもいいじゃないかと。タバコを吸って補導されても、もしかしたら次にその子が人助けするかもしれないとかね。**そういう国にするには中央集権ではなくて、個人個人が人権意識というか、主権在民意識を持たないといけない。**それなのに高野連もそうですけれど、日本は全部、中央集権にしてしまう。少子化だからこども家庭庁作りましょうとか、スポーツ庁だって何やってるのかさっぱり分からない。

高橋　民間がやればいいってことですか？

安田　そう。権限を渡していけばいいでしょう。当たり前のことです。

高橋　何でできなかったんですかね？

安田　そこは本当に多面的な問題でしょうけれど、一つあるのは日本全体の文化ですよね。長幼の序（※６）とかね。日本を支配するときに江戸幕府がうまく使ったんだと思うんだけれど、長老を崇拝するというカルチャーがあるわけです。

高橋　２０２１年の東京オリンピックでもそう感じました？

安田　そうですね。だって、世界中のオリンピックを見ても政治家が組織委員会会長をやる国はないですよ。オリンピックは世界最大のイベントですから、イベントのプロがやらないとダメです。森（喜朗）さん１人が悪いわけでもないと思いますけれど、結局、そういう人物を担いで聖人にしてしまうのは〝島国感覚〟なんですよ。

高橋　若者がいろいろな閉塞感を抱えている中で、規制とか、既得権益とか多すぎるという声を高校生くらいの若者からよく聞くんですよ。たしかロサンゼルスオリンピック（１９８４年）は民間主導で税金も使わずにやったんですよね？

安田　全部民間。しかも黒字ですからね。日本は３兆円の赤字ですよ。

◎年上というだけで威張る社会はもうやめよう

高橋　なぜ、日本はそういう慣習を変えようという風潮にならないんですかね。

安田　そうした経済的合理性より大切なものがあると思っているからですよ。たぶん、それが長幼の序なんです。僕はスポーツの世界から、それを打破しようと思って頑張ってたんです。相当頑張りましたね。

高橋　でも、どうして打破した方がいいんですか？

安田　だって嫌でしょう。そもそも民主主義じゃないですよ。〝天は人の上に人を造らず、人の下に人を造らず〟が民主主義でしょう。細かいですけれど、僕らが老人に敬語を使うんだったら、あなたたちも使ってよということです。これまで政治家やいろいろな年上の人と会ってきましたけれど、彼らは僕のことを「安田君」と呼ぶんです。なんで君付けで呼ばれなきゃいけないんだと。

高橋　年上ってだけで威張る社会が嫌？

安田　年上とか地位とかね。僕がそういうこと書いてるのを知っている政治家は、会うと最初から上から目線ですね。〝安田君さ、政治の世界ってのは……〟みたいな感じで言ってくる（笑）。そういうマウントを取ってくるんですけど、そんなの知るわけないでしょう。そういうのが嫌で戦っていたんですけれど、〝安田バージョン2〟になって少し考え方が変わりました。

高橋　今はバージョン2になったんですね。

安田　そこは「日経テレ東大学」に出てる成田（悠輔）さんたちの影響が大きいですよ。肩の力が抜けました（笑）。

高橋　でも、これまでファイティングスタイルでやってきて、ザハ案を改善したことで結果は良くなったんですよね。

安田　それでも日本の根本的な病気は治っていないですよ。

高橋　病気の進行がやや遅れた程度で、構造的な病気は治ってないんですね。

安田　そう、治ってない。絆創膏貼ったくらいですよ。

◎日本は国全体が〝世界の老人ホーム〟になるべき!?

高橋　バージョン2はどういった感じなんですか？

安田　バージョン2は力を抜くことですね。**なんで僕が頑張ろうと思ってしまっていたかというと、日本は世界の中でもイケてる国だと思っていたからなんです。でも成田さんはイケてないって言うじゃないですか。僕はそれに同感だと思って。だから今の僕はバージョン2で、日本は国全体が〝世界の老人ホーム〟になるべきだと思いました。**

高橋　それをビジネスにすればいいということ？

安田　そう、もう戦わない。今、ウクライナが大変でしょう。僕は空き家を持っていますから、外務省のホームページにウクライナ支援の呼びかけがあるのを見て、避難民の方に家を提供しますと書いたんです。でも、もう1カ月ぐらい経つのに返事がない。何かしたいと思ってもできない。僕1人が吠えたって良くなるわけないのは分かっていますよ。でも、フランスのマクロン大統領はロシアのプーチン大統領と5時間くらい話すでしょ。欧米のトップはみんなウクライナに行っている。日本だってアメリカの同盟国なんだから行けるはずでしょう。彼らは威信を懸けて頑張ってるんですよ。日本もそうならないといけないと僕は思うんです。

高橋　強い国にならなきゃいけないと。

安田　でも、一方で、もういいじゃないかと思うんです。中国が攻めてきたら、「アメリカさん助けてください。ありがとう」と言っておけばいいんじゃないのと思う。**軍隊を持たなきゃいけないとか、自分の国は自分で守らなきゃいけないとかじゃなくて、そういう生き方もあるんじゃないのかなと思うようになりました。**

高橋　何でそういう風に思うようになったんですか？

安田　これまで僕は、合理性の方が絶対に勝つと思っていたんですけれど、結局、勝てないんですよ。ということは、僕が間違っていたんです。

高橋　合理的に物事が進むわけではないということに直面したんですね。

安田　直面したし、そこに合意したのかな。**それが今の民主主義のルールで、ルールを変えるということはやっぱりすごく大事なことだけれど、そのルールが変えられないということは、実はそっちの方が本当のルールだから、そっちに従うべきなんです。**

別にやさぐれて生きていくわけではないけれど、そっちが正しいということです。今のルール上はそうだから、若者たちだって成田さんが言っているような意見をどんどん言ってほしいし、もっと積極的にいくべきだと若い人たちに言い続けていけば、日本もいつか変わりますよ。今、僕が森さんを批判しても殺されないでしょう。でも、これがロシアだったら間違いなく僕は殺されてますよ。それって実は素晴らしいことなんです。

　だからいっそのこと、日本は老人に手厚い国にしちゃえばいいんです。それで海外からどんどん老人を受け入れるんです。

高橋　なるほど。次はそういうビジネスをやろうと考えているんですか？

安田　いや、ビジネスじゃないですけど、そういう啓発をしていきたいという感じかな。それでお金を儲ける考えはないです。

高橋　そのビジネスはやらないんですね。

安田　たとえば、アメリカのビザを取ろうとしたら、アメリカに何千万円出資しろとか、アメリカ人を30人以上雇えとかと言われますよ。**日本は移民問題にしてもイエスかノーかの2択ですけど、そうじゃなくて、お金持ちの老人を入国させてお金を落と**

してもらう。日本ってやっぱり安全だし、物価も安い。今、円安ですけど、世界の主要国の大都市で５００円で昼飯が食べられるのって、東京くらいですよ。ニューヨークのランチは３０００円以上、北京だって１２００円はします。

僕はこれまで円安に腹を立てていて、日本の価値が落ちるんじゃないかと思っていましたけれど、**いざ肩の力を抜いて発想の視点を変えてみると、割といい国じゃないかと思ったんです。その良さを伸ばした方が、むしろ日本人向きなんじゃないのかと。だったら、長幼の序を大切にする文化を正当化した方がいいのかなって。**

高橋　それが肩の力を抜くってことですか。現状を直視して、良さを発見して伸ばそうということですか？

安田　そうそう。

高橋　そういう思考回路に変わったのは、経営を退く・退かないという考えを突き詰めていったからですか？

◎安田さんの考えが変わった背景にあるもの

安田　僕だけ頑張ってもどうしようもないことがあって、どうしようもないってことは僕が間違っているからだと思ったんです。自分が正解ではない。自分では正しいと思って頑張ってきたけれど、そうではなくて、もっと正しいと思ってる人たちがいる。あの本を書く前、官僚になった同級生に「安田はそう言うけど、日本人ってみんな幸せなんだぜ」って言われて、「それはお前たちがごまかしてるからだろ」と言い返して熱い議論になりました。愚民政策じゃないけど、本当のことを伝えないじゃないかと。**東京オリンピックだって税金３兆円使って、財源ないから消費税上がりますという話をしっかり伝えろよと思うんだけれど、国民はそれで幸せだからいいんだと、それが民主主義だと言われて全然納得いかなかったんですけれど、でも今思うのは、それがやっぱり本流ですよね。**

僕もかなり頑張ったけれど、少なくとも今の日本人は現状の体制に満足しているわけで、日米安保（日米安全保障体制）にも満足している。だったらもう日米安保の中にどっぷり浸って、アメリカの言う通り全部やっていく方がいいんじゃないかと。

高橋　その変わりようはすごいですね。改革する側から現状肯定、さらに良さを伸ばしていく側に発想を転換したんですね、会社を辞める・辞めないを経て。

安田　そうです。10年頑張ったけれど、結果として無駄だったから。

高橋　無駄ではないですよ、ザハ案より建設費が少なくなったし。

安田　でも、そこが目的じゃないからね。それは手段の一つで、やっぱり母屋が良くなるというのが一番の目的でしたから。当時、菅（義偉）官房長官に直接話しましたけれど、もしその時、「これはすごいね」と言ってくれたら日本は良い国だと思えたんだけど、「もう時間がないからダメだよ」と言われました。でも結局、ザハ案をやめて隈研吾案に変わったんですから、本当は時間はあったんですよ。

　結局、時間以外の何らかの力が彼を動かしたわけです。だから、そこを壊していくよりも、何かそうした力学みたいなものを読み取って、それをより良い方向にしていく方がむしろ良いんじゃないのかなと思うようになりました。

高橋　なるほど。とはいえ、赤字を3兆円抱えてしまうのは問題ですよ。スポーツに限らず、似たような構造の問題っていっぱいあるじゃないですか。規制を変えろと訴えて挑んでいくと〝長幼の序〟軍団から叩かれるので、その長幼の序の良さは認めましょうと。その良さを認めた上でどうやったら解決できるんでしょう？

安田　今、いろいろな問題がある中で、世界経済が複雑化しすぎています。日本だけの問題ではないけれど、一つ言えることは、日本株式会社が借金してるわけですよね。誰に借金してるのかっていうと社員、つまり、国民です。でも、国民は今、富を持っています。プラスマイナスゼロかもしれないけれど、だったら別に塩漬けでもいいじゃないかと。だって、昼飯が５００円で食べられるわけですから。そういう割り切り方をしていくことで見える世界がまたあるのかなという気はしてます。

　自分個人としては、**今後は日本とアメリカを行き来する生活になると思いますけれど、そうなると日本の良さが客観的に見られるようになるから、肩の力を抜いて、日本の良さを生かす方向は何なのか見極めようかなと思っています。**

◎これからは個の幸せを追求していきたい！

高橋　今回、安田さんが会社を辞める理由をお聞きして、これまでかなりオピニオンを発していた方が、どうして思考回路が変わったのかのお話がすごく興味深かったし、心に刺さったんですけれど、バージョン2の安田さんは今後、何をされるんですか？

安田　**真面目な話をすると、やっぱり個の幸せの追求ですね。自分とか、家族とか、親戚とか、友達とか近い人……そこはすごく思います。**

高橋　自分と周りの人間を大切にしていく？

安田　結局、人を幸せにしようと思ったら、自分が幸せじゃないと幸せの定義自体が分からないでしょう。今まで僕は会社というツールを使って、社会的なことをやって社会全体を良くしようなんて、なんだか偉そうにしてたけど、その結果、ちょっと飛躍し過ぎていたところがあった。**もっと自分の足元を見て、親とか、兄弟とか、そういう人たちの幸せをもっと真剣に考えてみようというのが、まずやらなきゃいけないことかなと思ってます。**

高橋　すごく格好良いですね。その先にビジネスとか、社会活動とか、そのあたりは何かありますか？

安田　一つやりたいなと思ってるのは、留学の支援ですかね。

高橋　若者の？　それはなぜですか？

安田　やっぱり外を見た方がいいよっていうことかな。それを僕なんかが偉そうに言うよりも、実際に見て勉強した方が早い。若い有能な人たちの手助けをしたいと思っています。

高橋　具体的には、ファンドみたいなこと？

安田　そうですね。

高橋　社会活動はそうしたことをやるとして、ビジネスは何かされるんですか？

安田　まあ……本気ではやらないと思います。サステナビリティーとか、地球環境とかじゃなくて、何かちゃんとした理由があるものだったら面白いかもしれないけれど。

高橋　それをじっくり、自分たちの幸せを探しながら考えるという感じですか？

安田　そうですね。今はグッとやる気になるものはあまりないですね。

◎ストックオプションが浸透すれば日本は変わる

高橋　ちょっと羨ましいですね。僕も50代でセミリタイアしたいですよ。でも安田さん、すぐに飽きちゃうんじゃないですか？

安田　いや、そんなことないと思いますよ。**個の幸せってやっぱりものすごく深いですからね。お金があったって幸せじゃないでしょう。人に優しくするとか、目の前のゴミを拾うとか……そういうことが、やっぱり自分の心を満たしていきますから。**

今の世の中、その逆のことが多いでしょう。バーキン（※エルメスのバッグ）を持ったら幸せ、その写真をSNSにアップしたら幸せとかね。果たしてそれで本当に幸せなのかって思いますよね。きっと、ある程度のお金とか、どこかに何か基準があるんですよ。そこを定義していくのがたぶん大事なことで、実際、僕の息子は僕みたいになりたいとは思ってないですよ。

一方で、僕には1歳上の姉がいますけれど、姉と僕の生活って、お金の使い方がまるで違う。でも、大切な姉です。**たとえば彼女の家族に僕が持っている富をどういう風に分配していったら、みんなが最大公約数的に幸せになるのかとか、そういうことを考えてみると奥が深いですよ。だって、家族を幸せにすると自分が幸せになるんだから。そういうことをしっかり考えていくことも必要かもしれない。**

あと、高橋さんみたいなサラリーマンの方に絶対言っておきたいのは、やっぱりストックオプション（※7）です。

高橋　株を持っておこうということですか？

安田　力のある人ほど会社を出ていってしまう。だって、倍の給料を出すなんてできないんだから。そしたら、株でボーナスを出していくのが当たり前だと思う。

高橋　そういう社会が実現できるようにお力添えくださいよ。社員が儲かるシステムになるように。僕も一時期、〝変えよう〟と思っていたことがあって、労働組合の委員長をやったんですけど、結局変わらなくて1年で辞めました。

安田　時間が無駄になっちゃうでしょ（笑）。

高橋　副業やった方が早いと思いましたね。

安田　ですから、その仕組みも中央集権なんですよ。**ストックオプションというのは権限を分散していくってことでもある。個々の度量がないとできない。それができないと日本の会社は変わらないですよ。**

高橋　それでは、最後にもう一度教えてください。安田さんはなんで会社辞めたんですか？

安田　神の声です（笑）。僕は神様に従うから。神様は何を言ってるんだっていうのをしっかり聞くと、合理性もあるだろうし、社会全体のバランスもあるだろうし、それ以外の問題もあるだろうしとか、そういうのが集まって〝神の声〟になる。その中の一つが日経テレ東大学だったというだけです。

高橋　なんかご迷惑かけたとも言えるような、すみません。まだまだ話し足りなかったんで、今度、修験道行くときは連れてってください（笑）。

安田　もういいかな、あれは（笑）。

【後注】

（※1）**ザハ案**　東京2020オリンピック・パラリンピック競技大会の開催にあたり選定された、新国立競技場のザハ・ハディド氏による建設案。2015年に白紙となった。

（※2）**コベナンツ**　融資契約締結の際の特約事項。企業は担保等なしで資金調達可能だが、不利益が起きた場合、全額返済などのペナルティーが発生する。

（※3）**WeWork**　アダム・ニューマンらによって2010年に創業された起業家向けシェアオフィスを提供する企業。

（※4）**高野連**　日本高等学校野球連盟の略称。戦前の大阪朝日新聞社（現・朝日新聞社）による中等学校大会の運営団体が元になっている。

（※5）**力道山**　日本の伝説的な力士・プロレスラー。1950〜60年代にかけて活躍。彼の試合中継はいまだに日本のテレビ視聴率の歴代上位。

（※6）**長幼の序**　孟子が提唱した儒教における5つの人間関係である五倫の一つ。年少者は年長者を敬うべきという両者の間の秩序のこと。

（※7）**ストックオプション**　会社があらかじめ定めた額で取締役や社員に自社の株を購入する権利を与える制度。

探検家兼作家が実践する安定とは対極の生き方

死ぬ時に後悔したくないから
自分以外の価値観で
人生を決めたくない

―32歳で朝日新聞社を辞めました。

角幡唯介

（探検家・作家）

2023年1月10日、17日配信

角幡唯介（かくはた ゆうすけ）1976年生まれ。早稲田大学政治経済学部で探検部に入部。卒業後は探検家として活動する中、2003年朝日新聞社に入社、2008年に退社。近年はグリーンランド北部で犬ぞりによる長期の旅を続ける。作家としても2010年『空白の五マイル』（集英社）で開高健ノンフィクション賞、大宅壮一ノンフィクション賞、2012年『アグルーカの行方』（集英社）で講談社ノンフィクション賞、2018年『極夜行』（文藝春秋）で大佛次郎賞、Yahoo！ニュース｜本屋大賞ノンフィクション本大賞など受賞多数。1男1女の父。

◎角幡唯介という人物はいったい何者なのか？

高橋弘樹　今回のゲストは、角幡唯介さんです！　よろしくお願いします。

角幡唯介　よろしくお願いします。

高橋　「なんで会社辞めたんですか？」というテーマで、特に大企業を辞めてしまった人たちにいろいろお話を聞いているんです。僕も角幡さんのＴｗｉｔｔｅｒをよく見てるんですけど、日本にあんまりいないですよね。

角幡　1年のうち、平均して5～6カ月はいないですね。２０２３年も1月15日に出発して5カ月間グリーンランドに滞在して帰国するという2拠点生活です。

高橋　グリーンランドのシオラパルク（※1）でしたっけ。あちらでは単身生活？

角幡　そうですね。

高橋　日本にいるときはご家族と？　娘さんと渓谷行ったりしてましたよね。

角幡　最近はもう、あんまり一緒に遊んでくれなくなりました（笑）。

高橋　僕、一方的に角幡さんのファンでして、この企画、人間ってどういう時に会社辞めるんだろうっていうテーマで、その人の人生観を聞いていくんですけど、新聞社を辞めた人に会いたいと思ったとき、たくさんいる中で一番イカれてる人いたなと思って（笑）、角幡さんにお話を聞きたいと。〝イカれてる〟なんて失礼ですけど。

角幡　いえいえ、褒め言葉ですよ（笑）。

高橋　そう受け取っていただけますか（笑）。まずは簡単な経歴を伺っていいですか。

角幡　大学は早稲田大学ですけど、あまり学校に行かなかったものですから、2年留年して6年かけて卒業しました。早稲田大学では探検部に入って、そこで登山とか探検活動を知って、この道で一生暮らしていきたいなと。探検家になろうと思って、その時には就職活動はしなかったんです。

高橋　僕も早稲田ですけど、探検部の人ってみんなイカれてますよね？

角幡　やっぱり変わり者が多いのはたしかかもしれないですね。

高橋　8年くらい平然と大学にいる人もいましたよね。

角幡　いましたね。9年生っていう、本来あり得ないやつもいましたから、特例で。やっぱり社会の吹き溜まりっていうか、一般的なレールに乗っかって、大学卒業して就職してっていう生き方は嫌だという人が一定数いるわけですね。そういうのが集まってきたり、あとは、旅が好きだったり、文学が好きだったり、何か表現することが好きっていうやつとかね。そういう人間が多かったかもしれないですね。

◎ニューギニア探検を経て〝バカ枠〟で入社!?

高橋　僕も学生時代に探検部の友人や先輩がいましたけど、格好良いんですよね。自分ではそうはなれないから羨ましさもあって。その辺の魅力もいろいろお聞きしたいと思ってるんですけど、早稲田に6年いて、その後はどうしたんでしょう?

角幡　結局、就職活動はしなくて、たまたま、その年にニューギニアという大きな島に遠征隊を出すという登山家の人がいたんです。その遠征隊に加わって、半年くらいニューギニアに行きました。ヨットで行って、ゴムボートで川を遡って、最後に５０００ｍくらいの山の北壁に岩登りのルートを開くという、日本人離れした壮大な計画だったんです。その後は探検家になろうと、しばらくアルバイト生活をしてました。

　でも、その生活が行き詰まって、いろいろあった時に新聞社の秋期採用試験というのがあると知って、受けてみたらちょっと面白がられて採用された感じです。

高橋　それで朝日新聞社に入社なさったんですね。

角幡　はい。その時の面白い話があって、５年間新聞記者やって辞めた後に、記者時代の同僚の結婚式があったんです。僕も呼ばれて出席したんですけど、そこに元同僚や先輩、後輩が来るじゃないですか。スポーツ部の記者が何人か来てて、ある人に「角幡くんでしょう？」と聞かれたんです。僕は全然知らない人だったんですけど、「僕、実は君のこと知ってるんだよ、面接を担当したから」って言われて。**その人ともう１人、経済部の記者で面接を担当して意見が分かれたそうなんです。彼は僕をすごく推してくれたそうですけど、経済部の記者は「こんなやつは絶対取らない方がいい」って意見が真っ二つに分かれたと。で、上司の採用担当者に意見を仰いだら、「〝バカ枠〟っていうのがあるから、それで採ればいい」って言われて、それで君は受かったって。**

高橋　朝日に〝バカ枠〟ですか（笑）!?

角幡　僕は〝バカ枠〟で受かったらしいんです（笑）。新聞社に〝バカ枠〟があるっていう話は聞いたことあったんですよ。記者になって他社の記者と友達になるじゃないですか。その時に「新聞社には〝バカ枠〟がある」って話になって、年に１人くらい採るらしいと。「角幡君って〝バカ枠〟っぽいね」とか言われてたんですけど、「いや～そんなのあるわけないじゃないですか」って否定してたのに、実はそうだった（笑）。

高橋　めっちゃ面白いですね（笑）。〝バカ枠〟は何のためにあるんですか？

角幡　いや～、何か化けるかもしれないってことじゃないですか。

高橋　本多勝一さん（※2）になるかもしれないぞ、みたいな？

角幡　マスコミってちょっと一般の職種と違って、企画力があったりとか、好奇心があったりとか、そういうのが大きなプロジェクトに繋がったりするからですかね。たぶんテレビ業界もそうだと思うんですけど。そういうのがあるって思われたのかもしれないし、バカの方が爆発する可能性があるってことかもしれないですね。

高橋　面接で何言ったんですか？

角幡　何言ったかなぁ……。まあ、学生のときに何やったんですかって聞かれて、こういう探検活動してたとか、ニューギニアで原住民に弓矢で囲まれたとか、あとはアルバイトの話をしましたね。土木作業の現場で重機に乗ってたんで、そういう話をした記憶はあります。

高橋　朝日新聞だとジャーナリズムやりたいです、みたいな人が多いでしょうからそういう話は目立ったでしょうね。

角幡　いや、僕もジャーナリズムやりたくて入ったんですけど（笑）。

高橋　あれ、文化寄りかなと思ったんですが、政治とか社会部志望でしたか？

角幡　その時やりたかったのは社会部系かな。新聞記者としてやりたいと思ったのは昔風の新聞記者の世界。本田靖春さん（※3）が書いてるようなノンフィクションの世界ですね。松本清張の小説に出てきそうな昭和の無頼な感じの新聞記者にちょっと憧れてたっていうか。

高橋　地道に足使って独自取材して、警察より早く事件を掴むみたいな。

角幡　そうですね。まさにそういうのに憧れてたっていうのが一つと、山登りが好きで、特に沢登り、渓谷をずっと遡って行きながら山を登っていくっていうのが好きだったんです。で、沢を登ってるとダムがたくさんあったりとか、土木工事をしてたりとか、自然が壊されてるなとかと思うわけですよ。そういう公共事業の問題とか、ダム関係とかの取材をしたいと勝手に思ってましたね。

高橋　朝日に入った志望動機はちゃんとしたジャーナリスト系だったんですね。

◎新人記者が黒塗りのハイヤーでサツ回り

角幡　そうですね。実際、新聞社に入って最初は富山支局に配属されたんですけど、3年目にダム関係の本（※4）を書きましたからね。

高橋　意外ですね。僕の中のイメージだと、角幡さんって早稲田出て朝日に入ったけれども、1年の半分くらい北極とか日が昇らないとこでずっと犬ぞりで探検してる人ってイメージで、本多勝一さんみたいに世界中探検したいのかと思ってたんです。

角幡　もちろんそれもやりたかったんですけど、本多さんの時代みたいに大掛かりな探検ルポルタージュは、もう僕の時代には新聞記事にはないですし、社会的に求められるような時代でもないですから、それはできないだろうなとは思ってました。

高橋　でも、普通に社会部ネタに興味があって新聞社に入られて、念願叶ってそれをやったわけですよね？

角幡　やったんだけど、**やっぱり、一生探検をしたいというのが根底にあったんです。人生を懸けてやるとしたらそれがやりたい。**でも、探検家でどうやって食っていくのかっていう問題がやっぱりあるじゃないですか。大学を卒業したときは探検家という生き方でやっていくと思って、とりあえず出たんですけど、2年間やってみて、やっぱりアルバイトに追われるわけです。**みんなが通る就職活動という〝関門〟、社会に出るというある種のイニシエーション（通過儀礼）から逃げたという負い目みたいなものもありましたね。それで新聞社を受けたんだけど、本当にやりたいのは探検家だって思ってたんです。**たしかに新聞社にも興味があって、本も好きでしたし、それこそ本多さんの本にもすごく影響を受けてましたから、新聞記者って面白そうだなと思ったから受けて、もし本当に面白かったらずっと続けようと。そんなに面白くなかったら3年やってみて辞めるか決めようと思いました。

高橋　それくらいのテンションで入ったんですね。

角幡　そうですね。長期のバイト感覚っていうか（笑）、3年やったらそこそこお金も貯まるだろうし、新しい生き方とか、そういうのも見えてくるかなっていう感覚です。辞めてもいいかというより、たぶん辞めるけど、面白かったら続けようと思っていました。

高橋　とはいえ、2003年で朝日新聞社入社だと、給料（年収）が速攻で

1000万円いくみたいな時代ですよね？

角幡　いやぁ、給料は良かったですよ。20代後半の新入社員がもらう給料としては破格だったと思います。

高橋　車もハイヤーですよね？

角幡　そう、最初の半年間はハイヤー。要するに入社したての仕事に慣れてない新人記者が自分の車に乗って事故を起こしちゃ困るってことだったと思うんですけどね。黒塗りのハイヤーでサツ（警察）回りをやるわけですよ。警察官とか「何様だ？　こいつ」って思いますよね。常識で考えたらおかしいことを普通にやらせてたわけです。朝日だけじゃなくて、大手の新聞・テレビはどこもそうだったんですが。

高橋　さすがに今、ハイヤーは相当少ないって聞きますけどね。そういう感じだと普通、半年で〝辞めたくない〟ってならないですか？

角幡　いや、最初の1年くらいはすごく忙しかったですから。ほとんど休みも取れなくて、好きな山登りにも行けないし、仕事に追われてるっていう感じはありましたね。辞める、辞めないって思う暇もないほど忙しかったです。そんな中で、やっぱり記事書いて、それがちゃんと形になって新聞に載るわけじゃないですか。記事を書くっていうのもそれなりに面白かったですし、自分なりに取材して文章になる、小さな記事ですけど、自分が作った作品とまではいかないけど、ちょっとそれに近い感覚というか、いい記事書けたなとか思ったりもするわけです。

◎新聞記者5年やっても探検家になりたかった

高橋　朝日新聞社では何年くらい記者をされていたんでしたっけ？

角幡　5年ですね。最初の3年間は富山支局に行って、それから転勤して埼玉県の熊谷市にある北埼玉支局に行って、その後辞めました。結局、入社3年経った時に貯金が全然なかったんです（笑）。保険とか、税金とか、収入がそれまですごく良かった分、辞めた翌年にそれが掛かってくるじゃないですか。全部で100万円くらい取られると思うんですよね。でも、僕の記憶では貯金が3万円しかなかったと思う。

高橋　なんでそんなに使っちゃってたんですか!?　旅行とか、探検とかで？

角幡　それが全然分かんないんですよね（笑）。学生のときの探検の資金で、親や弟からお金借りましたけど、それは全部返して。なんであんなになかったのか……。

高橋　『極夜行』（２０１８年／文藝春秋）には、熊谷のときは太田市（群馬県）にあるクラブにはまってたみたいなこと書いてましたよね（笑）。

角幡　そういうのもありますよね（笑）。遊興費も当然あると思うんですけど、まあ……たしかに毎日飲んでたし、同僚や記者仲間と焼肉屋ばっかり行ってましたしね。無駄な金をほとんど日々の生活に注ぎ込んでいたような気がしますね。

高橋　結局、お金がないからちょっと長めに朝日新聞社にいたと。

角幡　新聞記者を３年やって、仕事も面白いですし、やっぱり会社員というか、サラリーマンとしてはすごく面白い仕事だと思うんです。だから、とりあえずあと２年やって、その時に決めようかなっていう感じでいました。

高橋　あと２年やってみて、なんで会社辞めることになったんですか？

角幡　やっぱり一つは探検家に戻りたいと思いましたね。僕は、学生のときからチベットのツアンポー峡谷の探検に命を懸けてたんですよね。

高橋　『空白の五マイル』（２０１０年／集英社）のところでしたっけ？

角幡　そうです。それをやらないと生きてる意味がないっていうくらい、気合が入ってたんです。入社前に１回行ったんですけど、その探検が自分にとっては完璧ではなかった。**1人でできることとしては相当なことをやったと思ったんですけど、本当にやりたいことが完全にできたわけではなかったんです。ですから、もう1回、あそこに行って自分の探検を完成させたいというのが、一番大きかったですね。**

高橋　やっぱりそこが一番イカれてるなと思う点なんですけど（笑）、一応、朝日新聞社って地方支局へ行くと、その地方でめっちゃ年収高いわけじゃないですか。それを辞めるのは怖いとか、普通は子ども作って安定したいとか思うでしょ。

角幡　安定したいっていう感覚は全くないです。今もないんですよ、正直言って。

◎死ぬ時に後悔したくないから朝日を辞めた

高橋　そのあたり詳しく知りたいですね。人間、誰でもやりたいことってありますよね。角幡さんの探検もそうだし、僕もいろいろあるし、みなさんあると思うんですよ、実はこれやりたいって。でも、いろいろな制約を設けて、その選択はしないと思うんです。そこをどうしたらやりたい側に行けるのか。どうして行けるんですか？

角幡　**やっぱり〝死ぬ時に後悔したくない〟っていうのはありますよね。たとえば〝新**

聞記者をずっと続けたら、俺は探検をしないで死ぬんだな〟って。それが嫌だったのがまず一番にあります。だから、やりたいことを……とりあえずうまくいくかどうか分からないですけど、うまくいかなくても自分で決断して、やりたいことを選択するという、その決断が重要だと思うんです。仮に失敗しても、自分の選択だからしょうがない。正直言って、会社を辞める時は、作家になるなんて想定してませんでした。

高橋　作家になると思ってなかったんですか？

角幡　作家じゃなくて、ライターになれればいいと思ったんですよね。新聞記者やって、書く面白さにも目覚めたし、新聞記事では書けないような自分なりの表現で文章を書きたいという欲も出てきました。フリーライターとして生きていければいいかなと。ツアンポー峡谷の探検はやりたかったですから、それは本にしたいと思ってましたけど、それをもし本にできたら、どっかの編集者が面白いねって思ってくれて仕事をくれて、それでライターとして生きていけるかもしれないなっていう程度ですよ。だから、８００万円貯めたんですよ、最後の2年間で。その時の会社員生活は、あの手この手を使ってお金を使わないようにして。まあ、太田市のクラブには行ってましたけど（笑）。

高橋　太田市のクラブだけは例外でしたか（笑）。

角幡　あとは家賃の安いアパート住まいをしてね。それで８００万円くらい貯まったんです。これで３年間はたぶん何もしないで大丈夫だと。**３年の間にツアンポー含めてやりたいことやって、本を書く。もし、それが失敗して、ライターとして生きていけなかったらホームレスになるしかないなって。**

高橋　そこまで覚悟してたんですか？

角幡　覚悟してましたね。

高橋　やっぱり、いい意味でイカれてると思うんですけど（笑）、それで書いたのが『空白の五マイル』で、開高健ノンフィクション賞と大宅壮一ノンフィクション賞を取られて、その後、『アグルーカの行方』（２０１２年／集英社）で講談社ノンフィクション賞（現・講談社　本田靖春ノンフィクション賞）、その後も破竹の勢いですよね。僕は『極夜行』から入ったんですけど、あれは本屋大賞ですかね？

角幡　大佛次郎賞というのもいただいたんですよ。これが僕の中では一番価値ある賞ですね。小説も含めたあらゆる散文が対象ですから。大佛次郎賞は朝日新聞社の賞ですからね。辞めた人間に賞をくれるんだから、いい会社ですよ。

高橋　僕、あまり情報感度高くないんですけど、『極夜行』ってなんでそんなにバズったんですか？

角幡　いや、そんなにバズってないです（笑）。賞もいただいたし、本好きの間では結構話題になったと思うんですけど、そこまでめちゃくちゃ売れた本じゃないです。自分の書いた本の中では、1番か2番ですけどね。

◎北極圏を舞台に『極夜行』で描かれた世界とは？

高橋　極夜の日が昇らない北極圏を何カ月も旅すると、やることがないからちょっとした出来事でも、たとえば星座見ているシーンだけで何十ページも書かれていて、その妄想がめちゃくちゃ面白い。全編にわたってそれが何回も繰り返されてますよね。ほんと面白いから、まだ読んでない人にはぜひ読んでもらいたいんだよな〜。別にお金もらって宣伝してるわけじゃないですけど（笑）。

角幡　あのときの旅は、妄想も含めていろんなことが頭の中で湧き出てくるっていうか、自分の作家人生、探検家人生の一つの総決算と位置づけていましたから、めちゃ

くちゃ気合が入ってました。やっぱりこの行動を面白い本にしてやるっていう意識がすごく強かったですね。

高橋　今よりも?

角幡　今はもうそこまで思わないですね。もっと純粋に〝行動〟に専念したいなと。ある意味、『極夜行』を書いてしまったことで、これ以上の本はもう自分には書けないなって思った部分もありますから。

高橋　集大成っていうこと?

角幡　自分としても、作品としてすごくよく書けたというか、探検の旅の内容自体もいろいろなことが次から次へと起きましたしね。普通、極地の旅って単調なんですよ、何もないところを歩くわけですから。冬だと昼もないわけで、ただ暗いだけです。だけど、いろいろなことが起きた。ああいうことはもうないだろうし、結果的に起承転結というか、ストーリー性のある旅になったものですから、一気呵成に書きました。

文章表現としても、それまでと全然違う表現ができたんです。今、読んでみてもこういう文章書けないなって思うし、そういう旅はたぶん僕にはもう訪れないと思います。深みということでは、あれよりさらにできると思うし、実際やっていると思うけど、本としては、あれ以上のものはなかなか難しいんじゃないかな。**やっぱり旅とか探検があってこそ書けるっていう話ですから。ああいう波乱万丈というか、いろいろなことが起きる旅っていうのはなかなかないです。**そういう意味でも書けないだろうし、それが自分の中で書けて、作品として世に出て、ある意味で肩の荷が下りたっていうか、別にもう面白い本を書かなくていいかなって（笑）。本当に好きなことやって、それを自然に書ければいいかって変わりましたね。

◎安定した会社勤めより探検を選んだ理由とは？

高橋　先ほど朝日新聞社を辞めた理由として、死ぬ前に探検をやらなかったら後悔するからとおっしゃったんですけど、なんでそんなに探検がしたいんですか？

角幡　たまたま僕にとっては探検だっただけで、人によって違うと思います。自分がそれまで生きてきた道の中で、いろいろな出会いがあったり、発見があったりして、〝自分〟というものが形作られていくわけじゃないですか。〝やりたい〟と思ったということは、何かに触発されたわけで、僕の場合は（早稲田大学の）探検部に入ったり、ツアンポー峡谷のことを書いた本との出合いがあったりして、〝やりたい〟っていう気持ちが出来上がっていくわけです。

それはやっぱり今までの自分の全歴史が〝やりたい〟気持ちに乗り移っているんですよ。今まで生きてきた道筋があったから、そういう発想が出てくる。ですから、それをやらないということは、今まで生きてきた道を否定することになる。

高橋　今ある〝やりたい〟気持ちを否定してしまったら——ってことですか？

角幡　そうですね。絶対に後悔するし、僕は〝思いつき〟って言葉を使うんですけど、**〝ツアンポー峡谷を探検したい〟という思いつきの中には、僕の全ての人格が憑依しているわけです。それを切り捨てるってことは、今まで自分が生きてきた道を切り捨てるわけですから、会社を辞めるダメージがデカいか、探検をやらないダメージがデカいかって考えたら、探検をやらないダメージの方がデカいと思う。そもそも僕は基本的に安定をそんなに求めてこなかったし、今も求めてないです。**

高橋　そこには〝安定しない方が楽しい〟という気持ちもあったりしますか？

角幡　安定というものに関心がないんだと思います。今はだいぶ変わったんですけど、昔は2、3年先のスパンまでしか見てなかったんですよ。この探検やったら、次はここやりたいなとかっていう程度のスパンで未来を考えてました。だから、その先は別にどうなってもいいし、あまり自分の関心の対象じゃなかった。

高橋　自分のやりたいことをやらなかったら、死ぬときに後悔するのは分かります。その一方で、楽に死にたいなとか、金があったら絶対良い医療機関に入れるなとか、庶民としてくだらないことを考えてしまう（笑）。そういうのはないですか？

角幡　う〜ん、最後はどこかにいなくなって死にたいですね。旅に出たまま帰ってこなかったたっていうのが一番格好良いなと思いますけど。

高橋　格好良いな〜ってなりますね。

角幡　最近読んだ本に、ポリネシア人が１０００年くらい前に太平洋に拡散して、いろいろな島に移住したっていう人類史の話が書かれてました。その中に、当時の星を見ながら航海する「スターナビゲーション」の技術を伝えた有名な現地の船乗りの話が出てくるんです。その方は、誰にも知られないまま伝統の航海術を自分で習得して、ハワイの人に伝えたりした後に、また遠くの島とかを旅したらしくて、最後はそのまま帰ってこなかったらしいんです。格好良いな、こういう死に方って理想だなと思いましたけどね。

高橋　ほんと格好良いですよ。でも、もうちょっと具体的に想像すると、寒かったんだろうか、とかね。

角幡　いや、どうかな。**僕、今までの経験で、意外と楽に死ねるんじゃないかなと思ったりしますね。たとえば、極地で食い物がなくて野垂れ死にするとかあり得ると思うんですけど、意外と楽な死に方なんじゃないかなって。**

高橋　そんなに苦しくないんですか？

角幡　いや、死んだことないから分からないですけど（笑）、何となくのイメージです。今までの旅でもかなり極端な飢餓状況の中、フラフラとソリ引いてるということもありましたから。その延長線上で考えると、あのまま、もし食べ物がなくなって、疲れて倒れて意識を失ったら、意外と楽に死ねるんじゃないかって。

高橋　たしかに、〝極度に寒いと眠くなって死ぬ〟って言いますもんね。

角幡　でも、僕が今旅している環境ってそんなに寒くないんですよ。主に3月末から5月の下旬くらいまでの白夜の時期を中心に旅してますけど、白夜になるとあまり寒くないんですよ。今、十数頭の犬にそりを引かして旅してるんですけど、犬もたくさんいるから、なんか楽しいですしね。時には腹も立ちますけどね。

高橋　そういう探検に、角幡さんの全人格が乗り移っていて、人生を通じてそうしたいと思ったからそうしたんだっておっしゃいましたけど、そもそも、なんでそこまで探検をしたいのか、探検を通じて何を感じたいとかっていうのがあるんですか？

◎生きている実感が欲しいから探検にこだわる

角幡　**30代の頃までは、やっぱり生きてる実感が欲しいっていうことでしたね。今も基本的にそれは変わらないんですけど、当時、求めていた生きてる実感っていうのは、やっぱり〝死〟を感じることで生きてる自分が感じられる。**だから、そういう死を感じさせるような極限環境に行きたいっていうのがベースだったと思う。

高橋　僕も探検の本が好きなものですから読んだりすると、生きてる実感を感じたいというベースの部分、読むと分かったような気持ちがするんです。でも、やっぱり本質は分かってないような気がするんですよ。それは何なんでしょうね？

角幡　難しいですけどね。はっきりと何なのかと言えるものじゃないですよね。**やっぱり日常を普通に生きていても虚無感みたいなのがずっとあって、生きている手応え**

みたいなのが欲しくなるというのはあります。それがずっと感じられなかったわけですけど、山に行ったり、探検したりして、体をハードに使ってるとそれに類するものが感じられるような気がする。それをどんどんスケールアップさせて、極地に行ってみると、やっぱり次はこれやりたいとか出てくるから、その思いに従って生きてきた感じですかね。

高橋　心配になっちゃうのは、それって突き詰めていくと、最後はチキンレースみたいになって死んじゃうんじゃないかっていう可能性がありますよね？

角幡　まさにその通りで、生きて帰ってきたってことは、もっとできたんじゃないかと思うんです。死んでないですからね。**究極の生とは、実は死ぬことだと思うんです。漫画の『あしたのジョー』で、矢吹丈はエネルギーを全部使い果たして真っ白な灰になって死ぬじゃないですか。全てのエネルギーを使い尽くすこと。それが〝生〟を完璧に経験することですけど、同時に、それって〝死〟なんです。最後は真っ白な灰になる。**でも、普通の人はそんなことできませんよね。生きてるってことはそこまでいってないってことだから。その距離を縮めたいという思いが出てくる。それを縮めようとするから、登山家や冒険家は死ぬわけです。まあ、どこで納得するかの問題ではあるんですけどね。

高橋　そう思わせる原動力である〝虚無感〟はどこから来るんですか？

角幡　今の都市生活で経験できることが、自分の〝生〟とダイレクトに繋がってないってことじゃないですかね。最近思うようになったのは、仕事も含めてそうだと思うんですけど、いろいろなものと〝自分が生きている〟という根源的な部分との間に距離があるんですよ。たとえば、家を買ったり、賃貸したり、家がないと死ぬとまでは言えないかもしれないけど、家は生活に絶対必要なものじゃないですか。基本的には食べることもそうですし、服もそうだけど、それらの必要なものは、自分の手で生み出していないわけです。誰かにお金を払ってやってもらってる。それをなるべく自分の手に取り戻すことが、生きてるっていうこととダイレクトに繋がるってことだと思うんですよね。

40年、50年前の田舎の暮らしだったら、かなり実現していたのかもしれない。全て自分の手でやらないと生活が立ち行かなかったって事例が結構身近であったじゃないですか。それがやっぱり切り離されちゃって、**生活にまつわる素材、食べ物も含めて、全部自分から遠くで生産されて、それをお金と交換して生きているわけです。だから、**

生きてることと繋がってないんだと思うんですよ。周りの全ての環境と自分が繋がったときに、初めて生きてる感覚でいられるような気がするんですよね。最近は、生活の中でそんなことをやりたいっていう気持ちが強くなってきましたね。

高橋　めっちゃ面白い話ですけど、根本にあるのは〝死に対する不安〟ですか？

角幡　死に対する不安っていうか、やっぱりさっき言ったように生きてる実感が欲しいってことですよ。それを昔は探検だとか、旅だとかで手に入れようとしたんです。でも、僕ももう50歳近くなってきて、40代半ば過ぎから日々の生活の中でそれをやりたいなっていうふうに考えがだんだん変わってきました。

高橋　日々の生活の中でやるって、たとえばどういうことを？

角幡　**最近、狩猟免許を取って狩猟を始めたんですけど、食べ物を手に入れるところから始まって、今、北海道に移住しようかなって考えてます。**旅主体の生き方から、ちょっとシフトしていこうかなと。

高橋　どっち方面にどういう感じにシフトしていくんですか？

角幡　平たくいえば自給自足に近いような生活でしょうか、家族もいますからどこまで実現できるか分からないですけど。１人だったら山奥の小屋に閉じこもっちゃえばいいだけの話なんですけどね。

高橋　角幡さんの奥様は、いわゆる普通の方ですもんね。

角幡　妻は街の人ですね。だから、ここ1年ほどはことあるごとに移住のことを話しててて、どうするか合意形成に努めています。

高橋　奥様は何ておっしゃってるんですか？

角幡　やっぱり嫌ですよね。街で暮らしたいのが本音だと思います。ただ、僕はもうそっち方面に完全に頭が切り替わっちゃってますから。僕の考えでは究極の山奥、北海道の原野、人のいない土地です。ただ、それだと家族は住めないじゃないですか。それをどこで折り合いをつけて、お互い納得できる場所が見つかるかっていう段階です。

高橋　そこは一つ大事なテーマというか、そういうときに家族との折り合いってどうするんですか。探検でなくても、仕事でもそうだと思うんですけど、配偶者がいれば探検と配偶者を天秤にかけることになる。角幡さんの場合、北極へ行ってる間は奥様が家事・育児をされてるんですよね？　そのあたりはどう合意形成したんですか？

◎家庭と探検の両立は果たして可能なのか？

角幡　僕はもう結婚する前から探検していましたし、ある意味、それが前提で結婚してるんで。探検家で時々海外行きます、みたいな人間だったんで。海外に行くことに関しては文句を言われたことないですね。ただ、それとは別に、日本で趣味で山登りとか行くじゃないですか。そこはやっぱり結構せめぎ合いがありましたよ。「また行くの？」「また家を空けるの？」「なんでそんなに自分の好きなことばっかりするの？

子どももいるのに」って（笑）。いや、「これをやらないと俺はもう文章書けないから仕事にならないんだ」っていう理屈ですね。

高橋　一番昭和っぽくて、ヤバいやつですよね（笑）。

角幡　必要な活動だからと。ヒリヒリした感覚を常に体に持っておかないと、そういう探検もできないしっていう理屈ですよね（笑）。

高橋　それで最後は納得してくれるんですか？

角幡　納得はしてないと思います。仕方がないって諦めてるだけだと思いますけど、最近はほとんど何も言わないです。家を空ける期間はどんどん長くなってますけど、極地に行く期間も今は5カ月間行ってて、且つ、夏に2週間くらい山に行ったり、日本にいるのは大体6、7カ月なんですけど、そのうち1カ月半くらいは国内の山に行って家を空けています。

高橋　すごいなぁ。でも、最初から探検家の角幡さんを好きになって結婚したって前提条件がかなり整ってますもんね。それ大事ですね。それが前提なら大丈夫な気がしました。先ほど、死ぬか生きるかみたいなところを全部自分でやっていくとおっしゃったんですけど、突き詰めていくと、今言った北海道での自給自足がゴールですか？

◎人生の峠を越えてゴールが見えてきた

角幡　**今はそこまでギリギリのことは求めていないですね。40歳過ぎてやっぱり角が取れて丸くなってきて、ギリギリのことよりも〝深み〟みたいな方に方向性が変わってきたように感じます。**今までは極夜とか、極限の環境に行きたいって思っていたんです。要するに環境というのは外の世界ですから、非日常的なものを求めたんです。

けど、それが変わってきました。自分がやってる行為、犬ぞり行為、狩猟行為……それらを深めることで行ける場所が広がっていったりするわけです。それが面白くなってきて、そこを深めたいという方向性に変わってきましたね。

高橋　どうして、そう思うようになったんですか？

角幡　やはり人生の頂上を越えた感じがあるからでしょうか。42、43歳の頃に急に老後のことを考え始めたんですよ。老後、何して遊ぼうかなという（笑）。

高橋　今のプランだと、どういう老後でどう死を迎えたい感じなんですか？

角幡　42、43歳超えたら急に地上が、要するに地面が見え始めたんですよ。で、見え始めてから計算し始めたんです。あと30年くらいしかこういうことできないなって。病気とかしなければ70歳くらいまでですよね。**〝30年でできることって高が知れてるな〟って。そうすると今まで自分がやってきたことをもっと深めて楽しみたい、そのためにはどうしたらいいのかっていうことを急に考え始めたんです。これはたぶん、峠を越えたってことだな、頂上を越えたってことだなと思いました。**

高橋　何かきっかけがあったんですか？

角幡　いや、ないです。気づいたらそういうことを考えるようになったんですよ。それはやっぱり肉体的な部分とか経験値とかを含めた、人間としてのトータルの膨張期間が終わったんだと思ったんです。今までは拡張していって、体力もそんなに落ちないですし、経験もどんどん蓄積して、人間的に大きくなっていくじゃないですか。いろいろなことができるようになって、自信も出てくるし。40歳を過ぎて、そういうのがやっぱり収束し始めるんだと思うんです。生き物としてというか、生命として。そういう収束期間に入ったんだなって、下り坂に入った感覚だと思うんですけど。今まで登っていたから頂上しか見えてなかったけど、頂上を越えたら突然地上が見え始めた。急に老い先のこと、これから先の計算をし始めた自分がいますね。

　そのためには今の北極圏での旅をいつまでも続けるわけにもいかないですし、そうするとやっぱり犬ぞりを続けたいなとか、生活の中で狩猟をしたら面白そうだなとか、そういうことをやりたいなと考え始めて、急に日本で狩猟免許を取ったり、いそいそと準備し始めてる感じです。

◎40代の間はもっと極地の旅行技術を高めたい

高橋　それって僕らサラリーマンにとってすごく興味深い話で、たしかに40歳過ぎくらいからいろいろ衰え始めて、会社での行く末も見え始めるじゃないですか。あと5年で部長になって、10年後にうまくいったら役員だけど、うまくいかなかったら下り坂って大体想像がつく。どうするのが幸せなんでしょうか？

角幡　**僕はすごく楽しそうだなとしか思わないですけどね、自分のこれからが。**ある意味、今まではちょっと無理してるところがあったというか、もっとスケールの大きなこと、もっと先に、もっと先にって考えていましたからね。若いときはそれでいいんですけど、やっぱり40歳過ぎてそれをやっていくのは疲れてくるんですよ。というか、そういうことに、あまり興味がなくなってくる。まあ、まだできるし、まだ自分のやりたいことを完全にやりきったとは思っていないので続けているわけですけど。

でも、やっぱり年齢的に無理があるし、自然じゃない。**これからはスケールではなく、身近な生活の中で、遊びなのかもしれないけど、好きなことだけやりたいと思ったんですよ。50歳になったらそうできるなって想像すると、楽しそうだなとしか思わない。だから単純に、楽しみだなとしか思いませんね。**

高橋　もう気負わなくていいみたいな……自然体ですね。

角幡　やりたいことはそこそこやったなという感覚もありますし、今、それがあるから頑張ってこれ以上やらなくてもいいかなという感覚もある。ただ、完成したという感じではないから、40代の間は完成形を目指して、もっと極地の旅行技術を高めていろいろなところに行きたいなとは思うんですけどね。

高橋　完成形というのは、旅のスキルとしての完成形ですか？

角幡　スキルももっと高められるし、土地との関係性みたいなものも深められたら、もっと面白いことができるだろうなという感じです。そうすると、もっとスムーズにいろいろなところに行けると思うんです。今まで行けなかったところに行けるだろうし、自分が行けるエリアが広がっていくってことは、自分の旅行技術が高くなってるってことですから。そこを目指したいなと思います。

高橋　角幡さんってすごく自然体で、なんだか立派な高僧と話してる感覚です。

角幡　**今まで僕が心がけてきたことは、自分以外の価値観で自分の人生を作り上げないっていうことですからね。自分の内部で育まれた価値観に導かれる形で、次の行動を決めればいいと思います。**

高橋　そんな風に言ってみたいなぁ。会社に入ると自分以外の価値観でほぼ人生が形作られますから（笑）。

角幡　まあ、それが1人で変なことやってきた利点というか、強みだと思うんです。組織に身を置くと、どうしても社会常識だとか、一般的な価値観っていうか、そういうので自分の生き方や行動を決めてしまうと思うんですよ。そうではなくて、**自分から出てくる価値観とか、思いつきとか、そういうので自分の行動を決めてきたから、割と無理がないというか、〝思い〟と〝行動〟が一致してる。そこに開きがないように生きてこられたかなっていう気はしていますね。**

高橋　それが1人で生きていくことのメリットでもありますけど、それってなかなか難しいことですよね。

角幡　**やっぱり若い頃に頑張って突っ張って、自分は社会に迎合しないみたいな感じで気張ってやってきたから、そのお陰かもしれないですね。**

高橋　そうすると、「なんで会社辞めたんですか？」の答えは、探検がやりたかったからで、自分以外の価値観で自分の人生を決めたくなかったから、ということですか？

角幡　そうですね。一番大きなのはそこですね。

高橋　僕も会社辞められるよう頑張ろう（笑）。今日はありがとうございました！

【後注】

（※１）**シオラパルク**　北極圏のグリーンランド北部にあるイヌイットが住む世界最北の先住民集落。人口約50人。冬は犬ぞりなどで移動する。

（※２）**本多勝一**　元朝日新聞記者。未開社会のルポルタージュで注目され、『中国の旅』（１９７２年／朝日文庫）で、いまだに論争の対象となる南京虐殺30万人説を報道。『戦場の村』（１９７４年／朝日文庫）で日本ジャーナリスト会議賞、毎日出版文化賞、ボーン・上田記念国際記者賞などを受賞。

（※３）**本田靖春**　早稲田大学政治経済学部卒業。読売新聞にて売血の実態を山谷などで取材。退社後、吉展ちゃん誘拐殺人事件で『誘拐』（１９７７年／ちくま文庫）、金嬉老事件で『私戦』（１９７８年／河出文庫）などを執筆。２００４年没。

（※４）**『川の吐息、海のため息―ルポ黒部川ダム排砂』**（２００６年／桂書房）　角幡唯介の朝日新聞記者3年目の著作。黒部ダムの連携排砂推進・反対両派と、流域生活を描いた。

あとがき

年齢も職種も立場も違う6人に聞いた退職譚、「なんで会社辞めたんですか?」。

いかがだったでしょうか?

退職に際しては、やはり全てを赤裸々に語れるわけではありません。ゆえにどうしてもカギカッコのついた「答え」となります。

しかし、それでも今回お話を聞かせていただいた6人は、抽象度を上げながらも、かなり踏み込んだ自分の生き様と気持ちを吐露してくれました。

「自分の価値観を会社に決めさせない」(野口聡一)

「1年の変化は小さいが、気づいた時には茹でガエル」(後藤達也)

「サンクコストを大きく見積り過ぎるな」(竹中平蔵)

「個の幸せを見失うな」(安田秀一)

「自分以外の価値観で、自分の人生を作り上げない」(角幡唯介)

「早めの住宅ローン返済」（佐久間宣行）

これらの金言は、転職や起業を考えている人にとってももちろんですが、今後も会社に居ようと思っている方たちにこそ、大切な指針となる言葉ではないでしょうか。

『「会社員って、最高！」

つい2カ月ほど前、そう思っていました。』

私も「まえがき」でそう書きました。お台場の旧防波堤島に桜が咲き誇る2カ月前、「紅白歌合戦」をチラ見しながら、正月に「日経テレ東大学」にアップロードするコンテンツを編集していた頃には、まだそう思っていました。

ただ、妙に有吉弘行とダチョウ倶楽部、純烈が歌う「白い雲のように」がエモく感じたのは、今から考えると、少しだけ迷いが生じていたからかもしれません。

住宅ローンを返済どころか、住宅ローンを組んでさえいない身としては、ポケットのコインを集めて、見えない未来に向かっていく、この曲に描かれた若さが、すでに追憶の対象になっていることに、嫉妬に似たエモさを感じたのだと思います。

そして年が明け、ふと会社を辞めることにしました。

あれ、意外にも、おじさんにもできました。

その心が動く瞬間に、先に掲げたこの本の著者たちの言葉が心のどこかで後押ししてくれたことは間違いありません……佐久間さん以外。(佐久間さんの住宅ローンだけは、本当に悩みました。そして、住宅ローン以外の佐久間さんの話は全て心の支えとなりました)。

そして会社を辞めて、今改めて思うことは、

「会社員って、やっぱり最高!」

その言葉に尽きると思います。今、新たな挑戦ができているのは、テレビ東京で学んだ数々の経験があるからこそです。

そして、辞めるだけが自らを成長させる方法ではありません。本書に書かれた著者たちの至言を意識していられさえすれば、会社員として大きく飛躍する可能性が高まるのではないかと思いました。

お台場とレインボーブリッジの間に浮かぶ旧防波堤島に咲き誇る河津桜の幻想的な美しさは、きっと近寄れないからこそ生まれる神秘性を纏った美しさなのでしょう。

この旧防波堤島の別名は「鳥の島」。

近寄れば、ウミウだらけで、鳥のウンコ臭いに決まってます。

起業や独立、転職も同じです。会社の中にいて遠くにあるからこそ、外に出た人々には眩しさを感じるのでしょう。実際にはウミウのウンコばかりに泥臭さがあるはずです。

逆も然りです。

独立や起業したからこそ見える、会社員の輝きもあるはずです。あの旧防波堤島から見たお台場本土はどう見えるのか。おそらく、圧倒的な輝きを放つアクアシティやデックスの煌めきが幻想のように感じ、こう思うはずです。

「その奥のフジテレビ、ワンチャン、入社させてくんないかな」

と。

どちらも、対岸から見ればこそ、見えてくる良さがあるのだと思います。

しかし。

「なんで会社辞めたんですか？」

そう自分にもし問うなら。

いつかそれでも旧防波堤島の河津桜を、ウミウのウンコが散乱していても、間近で見てみたい。私はそう思ったのだと思います。

まだ、上陸したてでウンコがどこに落ちているかも分かりませんが、遠くからは神秘的だったその河津桜は間近で見たらどうなのか。そして、対岸はどう見えるのか。しっかり味わってみたいと思います。

読者の皆さまも毎年春を意識する季節になったら、今年は桜をどこで楽しむかに思いを馳せながら、この本の著者たちの至言を少しだけ思い起こしてみてもらうのも、いいかもしれません。

２０２３年３月７日　大好きなテレビ東京を退職して七日目

高橋弘樹

編著:**高橋弘樹**(たかはし ひろき)

映像ディレクター。
1981年生まれ。早稲田大学政治経済学部卒業後、2005年テレビ東京入社。『家、ついて行ってイイですか?』『ジョージ・ポットマンの平成史』『吉木りさに怒られたい』『AKB48、最近聞いた?～一緒になんかやってみませんか? ～』などを企画・演出。2021年よりYouTubeチャンネル「日経テレ東大学」の企画・制作統括を務める。2023年2月末でテレビ東京を退社。同年3月より自身が代表を務める株式会社tonariでビジネス動画メディア「ReHacQ(リハック)」を開設。同名のYouTubeチャンネルは開始から3日で17万人登録を突破。著書に『1秒でつかむ』(ダイヤモンド社)、『TVディレクターの演出術』(筑摩書房)、『都会の異界』(産業編集センター)、編著書に『天才たちの未来予測図』(マガジンハウス)など。

日経テレ東大学(にっけいてれとうだいがく)

日本経済新聞社デジタル事業とテレビ東京コミュニケーションズが〝本格的な経済を、もっとたのしく学ぶ〟をコンセプトに立ち上げたYouTubeチャンネル。2021年の開設から2年足らずでチャンネル登録者数は102万人を超え、成田悠輔×ひろゆきによるトーク番組「Re:Hack」をはじめ、数々の人気コンテンツを配信。2023年3月末で配信終了。

日経テレ東大学『なんで会社辞めたんですか?』スタッフ

経済Laboプロデューサー/大石信行、村野孝直、関根晋作、佐々木康、
本田光範、遠藤哲也、間宮由玲子
クリエイティブデザイン/行田尚史、川上慎平
チーフプロデューサー/伊藤隆行
プロデューサー/神山祐人、森本泰介、岩上武司
ディレクター・編集/藤井楓馬
編集/飯塚天
企画・構成・演出・プロデューサー/高橋弘樹

カバーデザイン/土田伸路(design cue inc.,)
本文DTP/川尻雄児(rams)
校閲/聚珍社
編集協力/萩原忠久
編集/中山広美

なんで会《かい》社《しゃ》辞《や》めたんですか?

第1刷　2023年3月27日

著者　角幡唯介、後藤達也、佐久間宣行、竹中平蔵、野口聡一、安田秀一

編著者　高橋弘樹／日経テレ東大学

発行者　菊地克英

発行　株式会社東京ニュース通信社
〒104-8415 東京都中央区銀座7-16-3
電話 03-6367-8023

発売　株式会社講談社
〒112-8001　東京都文京区音羽2-12-21
電話 03-5395-3606

印刷・製本　株式会社シナノ

ISBN 978-4-06-531194-3